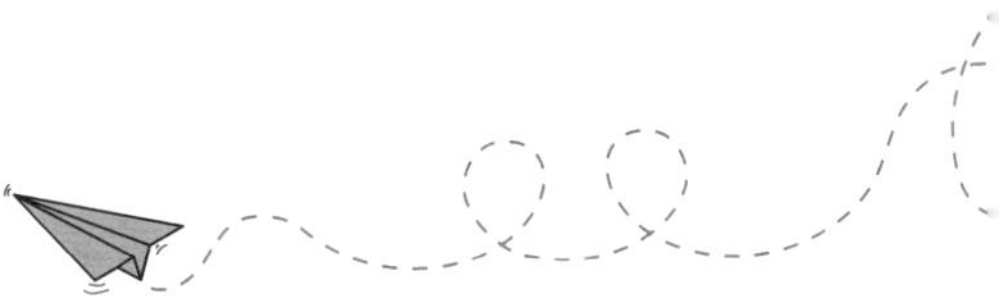

흥미로운 사람은 뭐가 다를까

흥미로운 사람은 뭐가 다를까

데이비드 길레스피, 마크 워렌 지음
이미숙 옮김

시그마북스
Sigma Books

흥미로운 사람은 뭐가 다를까

발행일 2014년 8월 18일 초판 1쇄 발행
지은이 데이비드 길레스피, 마크 워렌
옮긴이 이미숙
발행인 강학경
발행처 시그마북스 Sigma Books
마케팅 정제용, 신경혜
에디터 권경자, 양정희
디자인 홍선희, 김수진
등록번호 제10-965호
주소 서울특별시 영등포구 양평로 22길 21 선유도코오롱디지털타워 A404호
전자우편 sigma@spress.co.kr
홈페이지 http://www.sigmabooks.co.kr
전화 (02) 2062-5288~9
팩시밀리 (02) 323-4197
ISBN 978-89-8445-573-3(03320)

How To Be Interesting: Simple Ways to Increase Your Personal Appeal

* 시그마북스는 ㈜시그마프레스의 자매회사로 일반 단행본 전문 출판사입니다.

프롤로그

내부 장면. 그라우초 클럽Groucho Club. 낮

두 남자, 데이브와 마크가 탁자에 앉아 커피를 마신다.

데이브

자네에게 전할 흥미로운 소식이 있다네.

마크

아, 그래! 발행인과 만난 일은 어떻게 됐나?

데이브

순조로웠지……(그는 극적 효과를 위해 잠시 멈춘다. 배우의 기질을 발휘한다.) 이보게 친구, 설탕 좀 건네주겠나?

마크는 설탕 통을 건넨다. 데이브는 커피에 각설탕 하나를 넣고 의도적으로 천천히 젓는다.

마크

순조로웠다고?

데이브

우리한테 『흥미로운 사람은 뭐가 다를까How to be Interesting』라는 책을 쓸 의향이 있는지 묻더군

마크는 잠시 생각한다. 데이브는 커피를 한 모금 마신다.

마크

음. 흥미로운 아이디어군.

데이브

동감이네.

마크

그런데 그 책을 쓸 만한 사람 가운데 우리보다 더 흥미로운 작가를 찾지 못했나보지?

데이브

그것 역시 동감이네.

데이브

'흥미로운interesting'은 흥미로운 단어야, 그렇지 않나?

당신을 생각하게 만드는 책

어떻게 흥미로운 사람이 될 것인가

이 책은 교육용 책자가 아니다. 해야 할 일을 지시하는 책도 아니다. 이 책은 여러분을 생각하게 만드는 책이다.

또한 이 책은 질문하는 책이다. 바라건대 이 책이 '흥미롭다'라는 단어의 의미를 되새겨보는 계기가 되었으면 좋겠다.

이 책에서는 또한 몇 가지 해답을 제시할 것이다.

여러분은 이 책에서 '~되는 법'이라는 단어가 '흥미로운'이라는 단어보다 크기가 작다는 사실을 발견하게 될 것이다. 여기에는 그만한 이유가 있다.

여러분이 일곱 가지 쉬운 단계로, 혹은 다섯 가지 어려운 도전으로 흥미로운 사람이 되는 법을 제시할 것이라는 기대를 품고 이 책을 선택했다면 안타까운 일이다. 그런 사람이라면 책을 다시 책꽂이에 꽂고 몇 푼이라도 아끼기를 바란다.

이 책의 목적은 다음과 같다.

- 흥미로운 사람이 되는 요건에 대한 몇 가지 지혜를 전달한다.

- 여러분이 얼마나 흥미로운 사람인지, 혹은 흥미로운 사람이 될 수 있는지에 대해 생각할 시간과 공간을 제공한다.

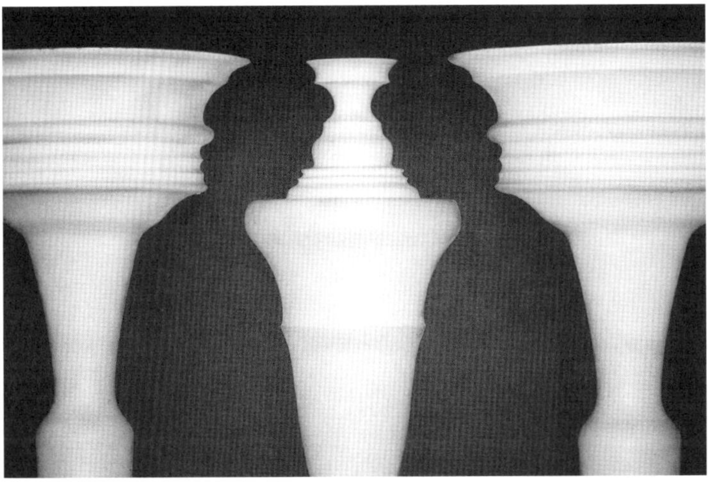

흥미로운가? 그렇다면 계속 읽어보라……

차례

흥미로운 남자를 찾고 계신다는 말씀이죠…

음, 좀 어렵겠네요.

왜 흥미로운 사람이 되고 싶은가

바보 같은 질문이라고 생각하지 마라. 이는 인간의 기본 욕구 가운데 하나다. 하루하루 살아남기 위해서는 누군가의 관심을 끌어야 한다. 많은 사람의 관심을 끌어야 하는 날도 있다. 이는 순전히 필요에 따른 욕구지만 단순히 필요의 수준에 그치지는 않는다. 왜 사람들이 여러분에게 관심을 가지기를 바라는가? 그럴 필요가 있는가? 우리가 생각하기에는 그렇다.

사람들은 안전, 보호, 반려, 위안, 오락, 그리고 성생활을 위해 다른 사람들과의 교제를 갈망한다. 그래야만 온전한 정신으로 살 수 있을 것이다. 우리가 흥미로운 사람이 되고 싶어 하는 데는 여러 가지 이유가 있다. 사회에서 따돌림과 무시를 당하지 않으려면 흥미로운 사람이 되어야 한다. 집안에서는 사랑과 위안이라는 좀 더 기본적인 이유로 흥미로운 사람이 되기를 원한다. 직장에서는 동료들에게 팀의 일원이 되고 싶어서, 고객에게는 거래 관계를 유지하기 위해, 상사에게는 승진이나 임금 인상에서 제외되지 않기 위해 흥미로운 사람이 되고 싶어 한다. 대부분의 사람들에게 관심의 대상이 되는 것은 행복의 우선적인 요건이다.

남의 입에 오르내리는 일에 대해서도 스스로 흥미로운 사람이라고 느낄 수 있다.

남의 입에 오르내리는 것보다 더 나쁜 것이 한 가지 있다. 그것은 남의 입에 오르내리지 않는 것이다.

– 오스카 와일드Oscar Wilde

다른 사람들에게 관심이 있다면 그것은 여러분이 어떤 식으로든 자극 받을 가능성이 높다는 뜻이다.

그렇다면 흥미롭다는 말은 어떤 의미인가

'흥미롭다interesting'는 아주 '흥미로운' 단어다. 그런데 '흥미로운'이란 과연 어떤 의미인가?

옥스퍼드 사전의 정의

- 관심을 끌거나 관계가 있거나 영향을 미치거나 혹은 중요한.
- 흥미를 불러일으키기에 알맞은, 호기심을 일으키거나 관심을 끌거나 혹은 흥미라는 감정에 호소하는 특성을 가진.
- 흥미로운 상황에 처한— 의미 있는

호기심을 야기하는, 관심을 끄는

interested

관심이 있는, 영향을 받은, 관심이나 관계가 있는, 혹은 무언가를 공유하는

interest

명사 : 주의, 주의를 기울임, 전념, 관심, 호기심, 관련, 주목, 유의, 조사.

동사 : 열중케 하다, 흥미를 끌다, 호기심을 불러일으키다, 마음을 끌다, 마음을 사로잡다, 현혹시키다, 관심을 가지게 하다, 주의를 돌리다, 황홀케 하다, 주의를 끌다, 마음을 빼앗다, 마음에 품다, 몰두시키다, 매혹시키다, 흥미를 자아내다, 열중시키다, 사로잡다, 자극하다, 흥분시키다, 흥분케 하다.

'interesting'의 의미를 콕 집어 말하기는 생각만큼 쉽거나 간단하지 않을 것이다.

누군가의 관심을 끌다/
누군가를 참여시키다
무언가를 떠맡거나
획득하도록 누군가를
설득하다.

어떤 대상이나
사람에 대해
알고 싶은 상태

흥미로운-열중하게 하는, 흥미를 끄는, 매력적인, 도전적인, 흥미를 돋우는, 호기심을 끄는, 마음을 끄는, 몰두하게 하는, 즐거움을 주는, 매혹적인, 주의를 끄는, 황홀하게 하는, 상상력이 풍부한, 흥미를 자아내는, 마음을 끄는, 독창적인, 짜릿한.

다른 11개 언어의
'interesting'

interesa — 에스페란토어
interessante — 아프가니스탄어
ddiddorol — 웨일즈어
ilginç — 터키어
interesgarria — 바스크어
interessanti — 몰타어
enteresan — 아이티 크레올어
kuvutia — 스와힐리어
מעניין — 히브리어
suimiúil — 아일랜드어
daj — 클링곤어

'흥미로운interesting'과 '존재하는being'은 매우 밀접한 관계가 있는 듯이 보인다….

라틴어 동사 interesse =
'관심을 끌다, 중요하다'
inter + esse = between + be
Esse = to be
↓
영어 단어 핵심
혹은
어떤 것의 존재

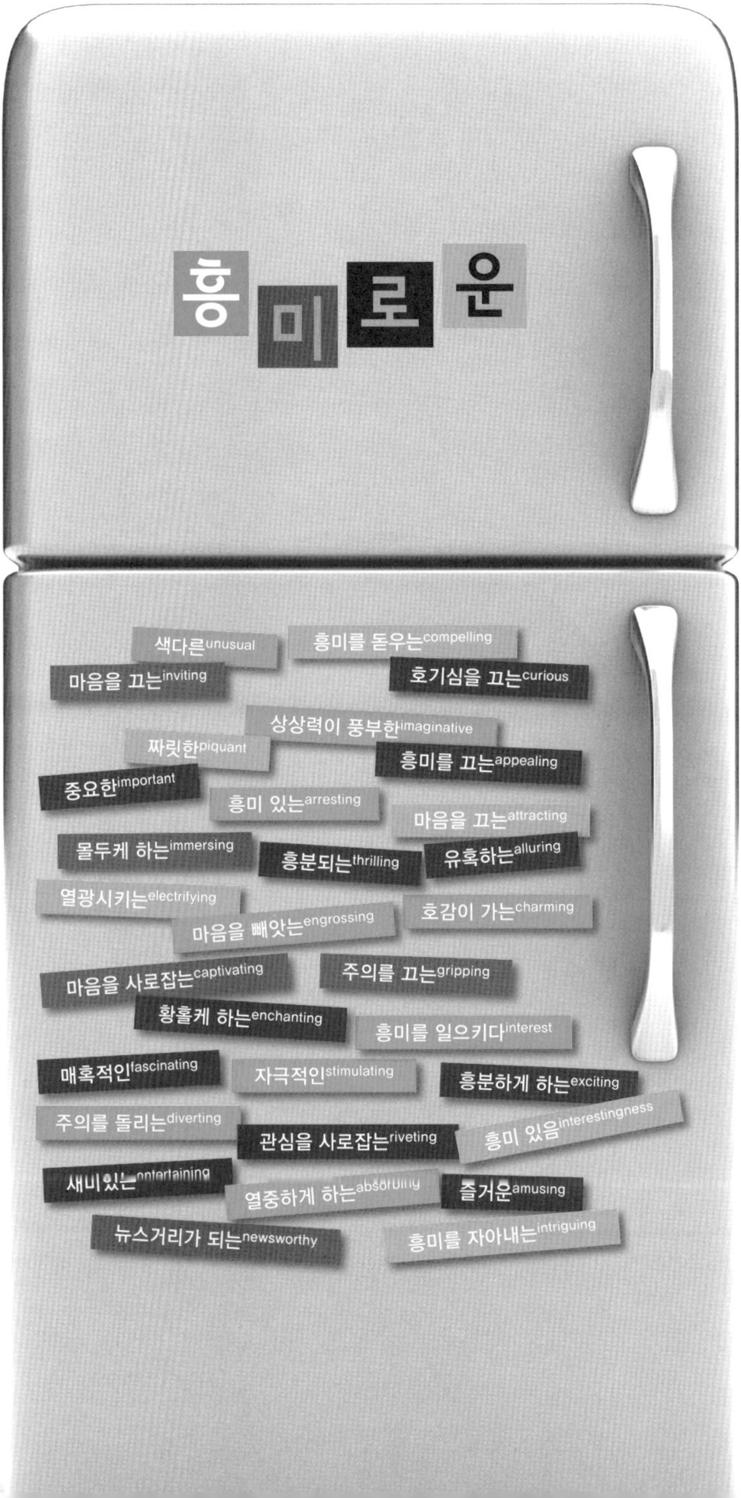

흥미로운
색다른unusual
흥미를 돋우는compelling
마음을 끄는inviting
호기심을 끄는curious
상상력이 풍부한imaginative
짜릿한piquant
흥미를 끄는appealing
중요한important
흥미 있는arresting
마음을 끄는attracting
몰두케 하는immersing
흥분되는thrilling
유혹하는alluring
열광시키는electrifying
호감이 가는charming
마음을 빼앗는engrossing
마음을 사로잡는captivating
주의를 끄는gripping
황홀케 하는enchanting
흥미를 일으키다interest
매혹적인fascinating
자극적인stimulating
흥분하게 하는exciting
주의를 돌리는diverting
관심을 사로잡는riveting
흥미 있음interestingness
재미있는entertaining
열중하게 하는absorbing
즐거운amusing
뉴스거리가 되는newsworthy
흥미를 자아내는intriguing

실내 장면. 연구실. 낮

데이브와 마크가 책상에 앉아 있다. 그들은 청탁을 받은 책의 소재를 생각하고 있다. 데이브는 옥스퍼드 영어 사전을 보고 있다. 마크는 메모를 보고 있다.

데이브

'흥미로운'은 흥미로운 단어야, 그렇지 않아?

마크

그렇지.

데이브

'흥미로운'이라는 단어의 의미를 물으면 사람들이 흥미롭다고 생각하는 것도 흥미롭고.

마크

그렇지. 자네 덕분에 방금 아이디어가 떠올랐네. 이 책을 쓸 때 반드시 해야 할 일이 한 가지 있군.

데이브

그게 뭔가?

마크

의도적으로 '흥미로운' 방식으로 '흥미로운'이라는 단어를 남용하는 일은 없어야 해.

데이브

지당한 말씀이지. '흥미로운'을 남용하면 흥미롭지 않겠지, 그렇지?

마크

그럼. 아마 따분할 거야.

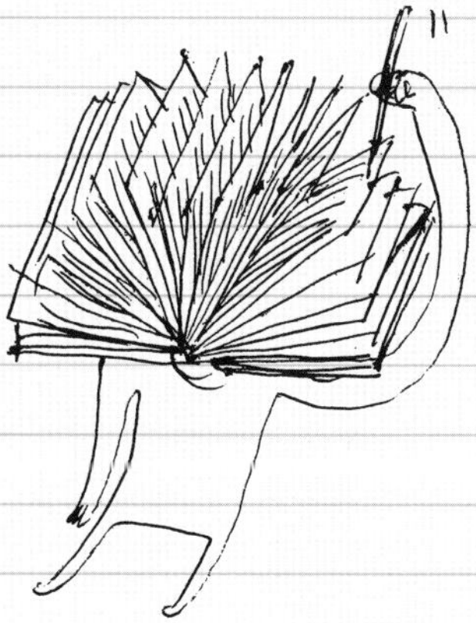

‘흥미로운’의 반대말은 무엇인가

‘흥미로운’의 반대말은 무엇일까? 음, 아마 ‘따분한’일 것이다. 그렇다면 따분함이란 무엇인가? 우리는 상대방의 기분은 아랑곳하지 않고 자기 얘기만 늘어놓는 사람을 따분한 사람이라고 생각한다.

가장 최근에 여러분을 따분하게 만드는 사람과 이야기를 나누었던 때를 기억하는가? 누군가에게 말을 걸었는데 상대방의 얼굴에 따분한 표정이 떠올랐던 때를 기억하는가? 기분이 어땠는가? 물론 그리 좋지는 않았을 것이다. 우리는 누구나 다른 사람들에게 인정받고 흥미로운 사람으로 기억되기를 바란다. 그것은 인간의 본성이며 단순명료한 사실이다.

그런 한편 어떤 사람이나 대상에도 관심 없는 듯이 보이는 사람, 혹은 서로 교류하는 상황에 크게 도움이 되지 않는 사람을 따분하게 여길 수 있다.

그러나 친목을 도모하는 자리에서 말을 많이 하거나 도움이 되지 않아도 흥미로운 사람들이 있다. 그 자체로 흥미를 일으키는 특정한 외모나 행동, 혹은 분위기가 한몫 할 수도 있다. 하지만 그런 효과가 과연 얼마나 지속되겠는가?

우리는 대개 따분해 보이는 사람들 곁에 있기를 원치 않는다. 이런 사람에게 말을 걸고 싶을 사람은 없을 것이다. 그런 사람들이 아무리 재미있는 이야기를 하려고 애를 써도 주변 사람들은 무관심한 표정으로 일관할 것이다.

따분한 사람들이 끼리끼리 몰려다닌다고 생각한 적은 없는가? 혹시 그들이 스스로 흥미로운 사람이라고 여기며 다른 사람들도 그렇게 생각할 것이라고 착각하는 일을 본 적이 있는가? 음…… '흥미롭다'라는 말의 의미가 사람마다 다르듯이 '따분하다'는 말도 그럴 수 있다. 그렇기 때문에 누가 그리고 무엇이 따분한지는 그리 쉽게 일반화할 수 있는 문제가 아니다.

다른 사람들에게 따분한 사람으로 기억되고 싶지 않다면 다른 사람들에게 더 많은 관심을 가져야 할까?

“어젯밤에 정말
흥미로운 남자를 만났어.”

“정말? 어떤 사람인데?”

“몰라……”

“무슨 얘기를 했는데?”

“어……
사실 내 얘기를 했어.”

그렇다면 따분한 사람은 누구인가?

“당신의 눈에 보이는 삶, 즉 사람과 사물, 문학, 음악에 관심을 가져라. 세상은 무척 풍요롭다. 그저 풍부한 보물, 아름다운 영혼, 흥미로운 사람들로 고동친다. 당신 자신은 잊어라.”

– 헨리 밀러Henry Miller

따분해지는가 아니면 따분하게 만드는가

여러 세대의 따분함을 살펴보자.

엄마, 저 따분해요.

쉽게 따분해 하는 아이들이 많다. 그들은 삶에 대한 지식이나 경험이 거의 없다. 아이들은 목소리, 시각, 청각으로 끊임없이 자극을 주어야 한다. 강렬하고 흥미로운 물체들이 매우 유익하다. 흥미로운 물건은 성장을 돕는다. 어린 시절 우리는 그런 식으로 배우고 성장한다. 아이들은 아는 것이 많아질수록 덜 따분해한다. 덜 따분해할수록 더욱 관심을 가지고 흥미로운 사람이 된다.

이건 너~~~무 따분해요!

〈헨리 엔필드 쇼Henry Enfield Show〉에서 그린 케빈과 페리의 콩트는 십대들의 삶에 대한 태도를 날카롭게 보여준다. 모든 어른, 어른들이 하는 모든 일, 그들이 아이들에게 시키는 모든 일은 '너~~~무 따분하다.' 돌이켜보면 "할 일이 없어요…… 따분해요!"라고 말하던 십대 시절의 모습을 떠올린 적이 얼마나 많았던가? 알아야 할 모든 것을 알고 어른이 되기를 기다리던 멋진 시절이 아니었던가. 이는 충분히 용서받을 수 있는 일이었다. 우리 모두가 그랬으니 말이다. 십대 시절 따분해하는 것은 성장의 일부분이었다.

나는 정말 쉽게 따분함을 느껴.

그런데 이제 문제가 생겼다. 성인의 따분함. 따분하다고 말하는 사람들은 흥미로운 사람들인가? 우리는 그들이 왜 따분한지 알고 싶은가? 굳이 신경 쓸 필요가 있을까? 사람들은 왜 자신이 쉽게 따분해진다는 사실을 과시하면서 다른 사람들의 관심을 끌기 위해 애를 쓸까? 그러면 똑똑하고 흥미로운 사람처럼 보인다고 생각하는 것일까?

"나는 다른 사람들을 더욱 흥미롭게 만들기 위해 술을 마신다."

– 어니스트 헤밍웨이Ernest Hemingway

나는 흥미롭지 않다. 나는 평범하다

"나는 흥미롭지 않아요.
나는 평범합니다.
나는 평범한 종류의 삶을 살고
매우 평범한 일을 합니다.
흥미로운 사람이 되려면
평범하지 않은 혹은
비범한 일을 해야
하지 않을까요?"

겸손한 사람,
외톨이Only Me로부터

외톨이 씨에게

그렇지 않습니다. 사람은 누구나 흥미로워질 수 있는 잠재력을 가지고 있습니다. 그리고 이 책에서 이 사실을 확인할 수 있을 겁니다. 물론 사람들의 업적과 공로는 흥미로운 사람이 되는 데 도움이 됩니다. 하지만 그렇다고 해서 놀라운 일을 성취할 능력을 가진 자만이 다른 사람에게 흥미로운 존재가 된다는 의미는 아닙니다.

"함께 저녁식사를 하면서 내가 행복함을 느낄 만큼 재미있는 남자를 구해 달라."

—로렌 바콜Lauren Bacall

에베레스트 산을 등반하거나 올림픽에서 금메달을 딴 사람이라면 당연히 흥미로워 보일 것이다. 왜 그럴까? 그것은 우리가 그들이 이룬 환상적인 업적을 알고 있고, 그 결과 그들의 성공담에 대한 호기심이 더욱 커지기 때문이다. 어떻게 했을까? 왜 했을까? 어떤 느낌일까?

하지만 흥미로워 보이는 사람이라고 해서 반드시 흥미롭지는 않다. 누구나 큰 성공을 거두었지만 전혀 흥미롭지 않은 사람을 만난 경험이 있을 것이다.

이는 이따금 그가 여러분을 포함해 사실상 모든 사람에게 관심이 없기 때문이거나 혹은 그들이 자신의 성공에 기고만장해져서 스스로 다른 사람들보다 뛰어나다고 여기기 때문이다.

유명 인사가 되거나 큰 성공을 거두거나 믿을 수 없을 정도로 대단한 일을 성취해야만 흥미로운 사람이 되는 것은 아니다. 사람들은 여러분이 이룬 일은 물론이고 여러분의 됨됨이에서 흥미를 느낀다.

명심하라. 모든 업적은 상대적이다. 다음 중 어느 이야기가 더욱 흥미로운가?

방금 두 번째 저택을 구입한 거만하고 냉담한 백만장자의 이야기인가? 아니면 어린이 자선 단체 기금을 모으기 위해 아프리카를 횡단한 장애아동의 어머니 이야기인가?

어떤 이야기가 더 궁금한가? 어떤 이야기가 더 재미있을 것 같은가?

우리는 자신을 흥미로운 사람으로 만드는 일을 꾸준히 성취해나가고 있다. 세상이 깜짝 놀랄 만한 획기적인 업적을 성취할 필요는 없다. 우리가 행하는 모든 사소한 일에서 우리는 경험과 통찰력, 그리고 지식을 얻는다. 아울러 우리가 한 개인으로 자리매김하는 데 도움이 될 이야기를 얻는다.

세상에서 가장 따분한 사람

다음 시나리오를 상상해보라. 어떤 사람, 그들을 A라고 부르자. A. 보어A. Bore(이때 A는 앤Ann이든 에이드리언Adrian이든 상관없다)가 너무 따분한 나머지 세상에서 가장 따분한 사람으로 선정되기로 결심한다. 참고로 말하면 이 책의 나머지 부분에서는 세상에서 가장 흥미로운 사람에 대한 이야기를 다룬다.

어쨌든 A. 보어는 기어코 이 영예를 차지할 작정이다. 따분한 사람들은 수상 내역을 결정하고 대회에 참가할 사람들을 초대한다. 심판을 선발하고 지루한 상품을 선택한다. 매우 따분한 시상식을 계획하고 어디에선가 매우 지루하게 거행한다. 미국 오리건 주의 보어링Boring* 이나 스코틀랜드 퍼스셔Perthshire에 있는 작은 마을 덜Dull이 적격일 것이다. 덜과 보어링은 실제로

* 보어링은 초창기 주민 윌리엄 보어링(William Boring)의 이름을 따서 지은 지명이다.

존재하는 지역이며 전해들은 바로는 두 지역은 '자매 결연'을 맺기로 결정했다고 한다.

우리의 이야기로 돌아가자. A. 보어는 결국 우승을 차지하고 세계에서 가장 따분한 사람의 자리에 올랐다. 그런데 따분한 사람이 상을 타는 순간 그는 이제 더 이상 따분한 사람이 아니다. 무언가를 성취했고 다른 사람에게 전할 흥미로운 이야기가 생겼으니 말이다. 사실 A. 보어가 모험을 시작하기로 결심한 순간부터 따분한 사람에서 흥미로운 사람으로 탈바꿈한 것이다.

무엇이 사람들을 흥미롭게 만드는가

여보,

당신은 내가 어떤 사람이라고 생각해?

a. 흥미롭다 b. 약간 흥미롭다 c. 전혀 흥미롭지 않다.

흥미로워지는 방법 조사

우리는 사람들이 생각하는 '흥미롭다'는 단어의 의미와 누군가를 흥미로운 사람으로 만드는 요소에 대한 그들의 생각을 알고 싶었다.

소셜 미디어와 전자우편, 개인적인 접촉을 통해 우리는 단순한 조사서를 전달했다. 사회적 배경과 연령18~80세을 기준으로 광범위한 사회 집단을 반영하도록 표적 집단을 선발했다. 조사 집단의 성별은 남녀 비율이 거의 50 대 50이 되도록 구성했다.

그들의 답변은 우리에게 훌륭한 피드백과 진지하게 생각할 기회를 제공했다. 일부 사람들은 신중하게 깊이 생각한 다음 답변한 반면 신속하게 즉흥적으로 답변한 사람도 있었다. 성의 없는 답변은 지극히 적었다.

당신이 생각하는 '흥미롭다'라는 단어의 의미는 무엇입니까?

누군가를 흥미로운 사람으로 만드는 요소는 무엇이라고 생각합니까? 당신이 생각하는 흥미로운 사람의 정의는 무엇입니까?

흥미로운 사람이 되면 왜 좋을까요?

내 관심을 불러일으키는 것
호기심을 자아내는 것

인상적이라고 생각하는
대상에 대한 지식을
증가시키는 모든 것

두드러지는 것

일반적인 기준에서
벗어나는 것

당신이 생각하는
'흥미롭다'라는 단어의
의미는 무엇입니까?

호기심

주제가 내 흥미를 끄는
것은 매혹적이며 그렇지
않은 것은 따분하다.

새로운 것 혹은
친숙한 것을 바라보는
새로운 방식

당신의 견해와 의견에
도전하는 사람

일반적인 범위에서
벗어나는 것

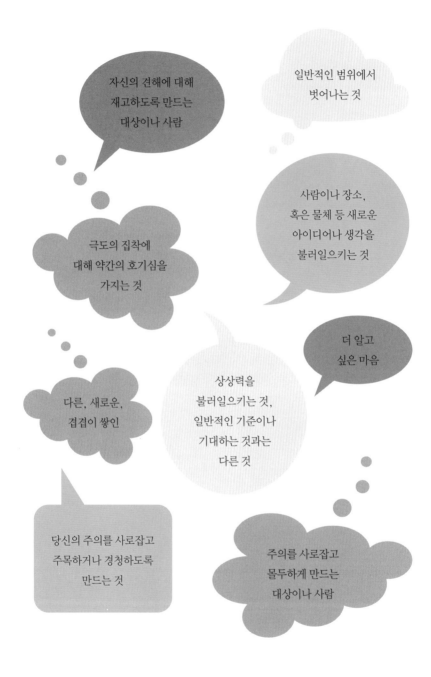

자신의 견해에 대해
재고하도록 만드는
대상이나 사람

사람이나 장소,
혹은 물체 등 새로운
아이디어나 생각을
불러일으키는 것

극도의 집착에
대해 약간의 호기심을
가지는 것

더 알고
싶은 마음

상상력을
불러일으키는 것,
일반적인 기준이나
기대하는 것과는
다른 것

다른, 새로운,
겹겹이 쌓인

당신의 주의를 사로잡고
주목하거나 경청하도록
만드는 것

주의를 사로잡고
몰두하게 만드는
대상이나 사람

경험과 그 경험으로
통찰력을 제시할 수
있는 사람

흥미를 가지고 있는 사람들이
일반적으로 흥미롭다.
열의는 전염된다.

즐겁고
매력적이며
독특한 사람

재미있는
이야깃거리가
있는 사람

생각이 깊고
호기심이 있으며
모험적인 사람

누군가를 흥미로운
사람으로 만드는 요소는
무엇이라고 생각합니까?
당신이 생각하는
흥미로운 사람의 정의는
무엇입니까?

지혜, 이야기

관심사가
일치하고 가치관이
같은 사람

인간의 조건에 대한
통찰력을 갖춘 사람, 어떤 대상에
대한 견해가 확실하고 그 대상에
대해 자신의 입장을 설명할
수 있는 사람

내 마음을
흥분시키고 내 주의를
끌어 다른 곳으로 돌리지
못하게 만들 수
있는 사람

만나고 일주일이 지난
다음에도 기억나는 사람

철저하게 검토해도
문제가 없는 개념과
신조를 가진 사람

그들의 말을 경청하고
싶을 때, 더 알고 싶을 때,
주의를 끄는 것

깊이 있는 지식을 갖추고 있으며
내 주의를 사로잡는 것들을
알고 있는 사람

끌리거나 무언가를
배우고 싶은 사람

카리스마와
지적 능력을
겸비한 사람

만나자마자 곧
편해지고 유머 감각으로
호감을 주는 사람

인상적이거나
중요하다고 생각하는
무언가를 성취한 사람

세상을 다른 시각으로 바라보며
평범한 대상에 대해 이야기할 때조차
재미있는 사람

여행, 스포츠,
문화에 대한 열정,
자기만의 유머 감각

삶의 사연과 경험,
공유할 정보

개성-기벽, 유쾌함, 재미,
유머, 행동/태도, 외모, 언어,
지성, 의견/견해

자기 삶을 벗어난 대상에
대해 관심이 있는 사람들

흥미로운 사람이 되면 좋은 이유는 무엇입니까?

지식과 경험이 성장하고 발달하는 데 도움이 된다. 흥미롭지 않으면 집단적인 기획이 중단될 것이다.

'흥미로운 사람들'은 다른 사람들이 더욱 흥미로워지도록 고무시키고 격려한다.

따분해하거나 수많은 따분한 일에 둘러싸여 있는 것보다 낫다.

품성과 인격의 깊이를 더한다.

사람들이 똑바로 앉아서 주목하게 만든다.

아름다움은 쇠락하지만 흥미로움은 육체적인 즐거움을 능가하는 최고의 즐거움이며 무언가에 완전히 몰두해 있다는 느낌… 거의 무아지경과 같은… 어떤 주제에 대한 관심을 공유한다는 기쁨이 상당히 크다.

영향력을 미친다. 친구와 연인을 얻고 취업 면접과 자신이 선택한 직업에서 성공할 수 있다.

흥미를 통해 우리가 성장하고 다른 사람들이 성장할 수 있게 만든다.

흥미로운 사람이라면 흔히 다른 대상에 흥미를 느낄 것이다. 이는 인간과 같은 사회적 동물의 삶에 중대한 두 가지 요소다.

따분한 사람으로 생각되고 싶은 사람은 없다. 그렇지 않은가? 삶을 살면서 새로운 발상과 경험을 찾아라. 그러면 삶이 계속 흥미로울 것이다.

흥미로움은 카리스마와 밀접한 관계가 있다. 사람들은 당신과 함께 시간을 보내고 싶어 할 것이다. 사람들이 어떤 대상을 지금까지와는 다른 방식으로 혹은 새로운 관점으로 생각하게 만들 수 있다.

더욱 풍요로운 삶의 경험, 더욱 돈독한 인간관계, 내면의 힘

당신은 깊은 인상을 남기고 사람들은 당신을 기억한다.

사람은 누구나 각기 다른 방식으로 흥미롭다.

항상 친구와 동료, 사람들이 당신에게 끌린다.

사람들이 당신에게 말을 걸고 당신이 하는 말에 귀를 기울이고 싶도록 만들려면 흥미로운 사람이 되는 것이 현명한 방법이다.

가장 효과적인 커뮤니케이션이 이루어진다. 어떤 사람이나 대상이 흥미롭지 않다면 우리는 관계를 끊고 관심을 접는다. 그러면 불편함을 느낀다.

질문을 계속하면 지속적으로 발전할 수밖에 없다.

사람들이 계속 관심을 가지도록 하면 사회 집단이 한층 발전하는 데 도움이 된다.

새로운 가능성에 관심을 가질 수 있다.

모든 사람이 지루하다면 따분할 것이다.

조사 결과

우리는 답변을 토대로 세 가지 중요한 결론에 도달했다.

흥미로워지는 것…

혹은 흥미로운 사람이 되는 것은

놀랄
것 없이
거의 모든 사람이
좋은 것이라고
생각했다.

…의 의미는 사람마다 다르다.

…는 공동된 주제들을 제시한다. 다른 사람들에게 관심은 가지는 것, 안고 싶어 하는 것, 커뮤니케이션, 경험을 공유하는 것, 지식…

스펀지가 되어라, 지식을 흡수하라

지식의 핵심은 무엇인가

생각과 이해의 핵심은 무엇인가?

철학philosophy이라는 단어를 출발점으로 삼아보자. 이는 그리스어 philosophia에서 유래한 말로, '지혜에 대한 사랑'이라는 뜻이다.

위키피디아는 지혜를 다음과 같이 묘사한다.

지혜란
사람과 사물, 사건이나 상황에 대한
깊은 이해와 깨달음이며 나아가 이 이해에 부합하는
방식으로 지각과 판단, 행동을 적용하는 능력을 뜻한다.

지혜

지혜로우려면 보편적인 원칙, 이성과 지식이 행동을 지배할 수
있도록 대개 감정적인 반응을 통제해야 한다. 뿐만 아니라 지혜는
행동에 가장 적합한 판단과 함께 진실을 이해하는 것이다.
지혜와 비슷한 단어로는 현명함, 분별력, 혹은
통찰력이 있다.

통찰력이라는 단어에 주목하라. 지혜란 간단히 말해 지식을 이용하는 일이

다. 이때 지식이란 우리 주변의 세상, 우리 주변 사람들, 그리고 우리 자신에 대한 지식을 뜻한다.

할 수 있을 때마다 지식을 습득하라. 그리고 다른 사람들과 지식을 공유하라. 열정적으로 공유하라. 이는 흥미로운 사람이 될 수 있는 효과적인 방법이다.

지식과 지식을 공유하는 일이 사람들을 흥미롭게 만드는 데 도움이 된다면 위키피디아가 세상을 흥미롭게 하는 데 도움을 주었을까? 물론이다.

지미 웨일스Jimmy Wales는 세상의 모든 사람에게 무료 백과사전을 제공하는 일이 자신의 목적이었다고 밝혔다. 그에게는 지구상의 모든 사람이 인간이 소유한 지식의 총체를 무료로 이용할 수 있도록 하는 비전이 있었다.

그가 한때 자신을 계몽의 주역이라고 묘사한 것도 무리는 아니다.

어떤 면에서 보면 앞을 향해 돌진하고 있는 이 디지털, 기술, 정보 혁명의 시대에 우리는 또 다른 계몽시대를 살고 있다고 할 수 있다.

"지식을 얻으려면 공부를 해야 한다. 하지만 지혜를 얻으려면 관찰해야 한다."

– 마릴린 보스 사반트Marylin vos Savant

1985년 아이큐 195로 세계에서 가장 아이큐가 높은 사람(여성)으로서

기네스 세계 기록을 세운 칼럼니스트.

지미 웨일스는 다음과 같이 말했다. “나는 매일 깨어나 가장 흥미롭고 재미있어 보이는 일을 한다.”

위키피디아

위키피디아에 대한 흥미로운 몇 가지 사실을 살펴보자. 이 글을 쓸 당시에는 정확한 사실이었다.

- 위키피디아는 2001년 1월 지미 웨일스와 래리 생어Larry Sanger에 의해 설립되었다. 따라서 이제 겨우 창립 13년이 된 셈이다.
- ‘위키’는 ‘빠른’을 뜻하는 하와이어에서 유래했다.
- 모든 글은 전 세계의 자원봉사자들이 힘을 모아 작성한다. 그 사이트에 접근할 수 있는 사람이면 누구나 거의 모든 내용을 편집할 수 있다.
- 세계적으로 열성 기고가는 약 10만 명에 달하고 285개 언어로 운영되며 독자는 3억 6500만 명으로 추정된다.
- 샤이엔Cheyenne어를 비롯해 아메리카 대륙의 다른 토착 언어의 위키피디아도 있다.
- 위키피디아에는 일명 DAFT라고 일컬어지는 ‘자극적인 제목으로 삭제된 글’ 목록이 있다.
- 위키피디아에 가장 최근에 실린 글을 알아맞히는 대회가 있다.
- ‘위키피디아에 실리기를 바라며 인터넷에서 자신을 검색하기’라는 페이스북 페이지가 있다. 이 글을 작성할 당시 이런 부류의 페이지가 6개 존재했다.

탐구하지 않는 삶

아, 소크라테스여(소크라테스 브라질레이우 삼파이우데 소사 비에이라 데 올리베이라Sócrates Brasileiro Sampaio De souza Vieira de Oliveira라는 브라질 축구 선수와 같은 이름의 의사를 가리키는 것이 아니다).

소크라테스는 서양 철학의 토대를 쌓은 인물로 인정받고 있다. 그는 인간이 어떻게 살아야 하는지에 관해 생각하는 데 긴 세월을 바쳤다. 그는 또한 지혜는 의심에서 시작한다고 여겼다.

"내가 아는 것은 오직 한 가지, 즉 내가 아무것도 모른다는 사실뿐이다."

소크라테스는 직접 저서를 남기지는 않았지만 대신 플라톤이 자신의 작품

반성하지 않는 삶은 살 가치가 없다.

– 소크라테스, 고대 그리스 철학자, 기원전 469~399년경.

에서 소크라테스를 묘사하고 인용했다.

플라톤의 가장 유명한 작품은 『국가The Republic』다. 이 작품에서 플라톤은 동굴의 우화를 전한다. 동굴 우화는 무지의 암흑 속에 존재하는 상태에서 발견과 빛을 보는 상태로 우리를 이끈다. 이 우화에는 여러 가지 의미가 담겨 있지만 우리는 개인과 사회의 심오한 각성과 끊임없는 자기반성의 중요성을 중심으로 이 우화를 살펴볼 것이다.

동굴 우화

소크라테스는 플라톤의 형 글라우콘Glaucon과 이야기를 나누는 중에 이 우화를 전한다.

소크라테스는 그에게 어린 시절부터 동굴 벽에 사슬로 묶여 지낸 한 집단을 상상해보라고 청한다. 집단 구성원들은 텅 빈 벽을 바라볼 뿐 머리나 다리를 움직일 수 없다. 그들은 다른 사람들이 모닥불 앞에서 물체들을 움직일 때 벽에 비치는 그림자를 지켜본다. 그동안 동굴의 죄수들에게 이 물체들의 그림자는 현실이었다.

소크라테스 : 이제 우리의 본성이 얼마나 개화되었는지 혹은 개화되지 않았는지 그림으로 설명해보겠네. 보게나! 지하 동굴에 살고 있는 인간들을. 빛을 향해 열린 입구 아래로 동굴이 계속 이어지고 있네. 그들은 어린 시절부터 이곳에 살았고 그들의 다리와 목은 사슬로 묶여 있어 움직이지 못하지. 머리에 두른 사슬 때문에 뒤를 돌아보지 못한 채 오직 앞만 볼 수 있다네. 그들의 위와 뒤에는 멀리서 모닥불이 타고 있고 모닥불과 죄수 사이에는 봉긋 솟은 길이 있지. 보면 알겠지만 인형 조종사가 뒤편에 서서 꼭두각시를 보여주는 장막처럼 낮은 벽이 길을 따라 세워져 있다네.

글라우콘 : 그렇군요.

소크라테스 : 또 벽 너머로 비치는 온갖 종류의 탈 것과 나무와 돌 등 다양한 재료로 만든 동물 모형과 조상을 들고 벽을 따라 지나가는 남자들이 보이는가? 그들 가운데 몇 사람은 말을 하고 몇 사람은 입을 다물고 있네.

글라우콘은 그런 모습이 생소하며 죄수들도 이상하다고 말한다.

소크라테스는 다음과 같이 대답한다. "우리와 마찬가지로 그들은 자신이나 다른 사람들의 그림자만 본다네."

소크라테스는 서로 이야기를 나눌 수 있다면 사실 그들 앞에 실제로 보이는 것에 대해 이야기하고 있다고 생각할 것이라고 말한다. 그리고 동굴에

메아리가 친다면 그들은 지나가는 사람이 말하는 소리를 듣고도 자신이 듣는 목소리가 사실 지나가는 그림자에게서 나온다고 생각할 것이라고 덧붙인다.

글라우콘은 동의한다. 소크라테스는 글라우콘에게 죄수들이 오랜 세월이 지나 동굴에서 풀려난다면 어떤 일이 일어날지 상상해보라고 청한다.

난생 처음 두 발로 서서 걷고 빛을 바라볼 수 있게 되었을 때 죄수들은 고통스러울 것이다. 현란한 빛이 그들을 고통스럽게 만들고 그들은 현실을 볼 수 없을 것이다. 뿐만 아니라 간수였던 한 사람이 예전에는 그림자 형태로만 보았던 물건들을 손가락으로 가리켜도 오히려 그림자가 지금 실제로 눈앞에 보이는 물건들보다 더 진짜 같다고 생각할 것이다.

소크라테스는 풀려난 죄수가 동굴에서 햇빛이 존재하는 곳으로 이끌려 나오면 햇빛에 눈이 부실 것이다. 그는 이제 현실이라 불리는 것을 전혀 볼 수 없을 것이다.

글라우콘은 소크라테스의 말에 동의한다.

소크라테스 : 죄수는 지상의 광경에 조금씩 적응해야 한다네. 처음에는 그림자, 다음으로 물속에 비친 사람과 다른 물건들의 모습, 그러고 나서 물건들을 직접 보게 될 걸세. 그런 다음 달빛과 별들, 반짝이는 하늘을 올려다

보겠지. 그는 대낮의 태양이나 태양빛보다는 밤하늘과 별을 더 잘 볼 걸세.

글라우콘 : 지당하신 말씀입니다.

소크라테스 : 마지막으로 태양을 볼 수 있을 걸세. 그리고 물에 비친 자신의 모습이 아니라 자신이 어울리는 곳에 있는 자신의 모습을 보겠지. 그리고 다른 모습이 아니라 있는 그대로의 자기 모습을 찬찬히 바라볼 걸세.

이는 2000년 전에 나눈 대화다. 인간으로서 우리가 흥미로워지려면 자신의 삶을 반성하고 자신은 어떤 사람이며 어떻게 살고 있는지 생각하는 편이 현명할 것이다.

---

* 벤저민 조엣(Benjamin Jowett)이 번역한 플라톤의 『국가』에 실린 대화에서 발췌한 내용이다.

1. 너 자신을 알라

흥미로운 사람은 뭐가 다를까

Personality
individualist
peacemaker
helper
enthusiast
reformer
loyalist
challenger
achiever
investigator

너 자신을 알라

흥미롭다는 말이 어떤 의미인지 살펴보고 어떻게 해야 흥미로운 사람이 되는지 알고 싶다면 먼저 우리 자신을 알기 위해 노력해야 한다. 다시 말해 '나를 나답게 만드는 것'이 무엇인지 어느 정도 이해하고 어떤 특성들이 합쳐져 우리의 성격을 구성하고 있는지 살펴야 한다.

가장 널리 보급된 성격 유형 도구로는 마이어스-브릭스 성격 유형 지표 Myers-Briggs Type Indicator, 일명 MBTI를 꼽을 수 있다. 알려진 바에 따르면 「포춘Fortune」 선정 100대 기업 가운데 89개 기업에서 이 지표를 이용하고 있으며 지금껏 24개 국어로 번역되었다. MBTI는 일종의 검사나 심층적인 심리 평가라기보다는 유용한 자기각성 도구로 생각하는 편이 바람직하다.

일부에서는 이런 검사를 노사관계에서 활용하는 것에 회의적인 태도를 보인다. 검사 결과가 정확하다는 증거가 없다는 것이다. 올바른 지적이다. 그러나 우리의 경험에 비추어보면 마이어스-브릭스 성격 유형 검사를 받는 과정은 새로운 사실을 깨닫고 유익하며 흥미로울 수 있다. 이 자성의 과정만으로도 여러분은 자신의 현주소는 어디쯤이고 어떻게 하면 자신을 더욱 정확하게 이해할 수 있으며 어떤 식으로 다른 사람들과 상호작용해야 하는지에 대해 생각할 훌륭한 계기를 만들 수 있다. 확실히 재미있는 검사라고 인정받을 만하다.

칼 구스타프 융Carl Gustave Jung

스위스 출신의 심리학자이자 정신분석학자인 칼 융(1875년 7월 26일~1961년 6월 6일)은 분석심리학의 창시자로 인정받고 있다. 융은 외향적인 성격과 내향적인 성격이라는 개념을 제시하고 발전시킨 장본인이다.

그는 인간 정신을 에고ego(의식하고 생각하는 자아)와 개인 무의식personal unconscious(개개인의 독특한 사적인 경험의 집합체), 그리고 집단 무의식collective unconscious(모든 사람에게 공통적으로 나타나는 경험과 행동양식) 등 세 부분으로 나눌 수 있다고 생각했다.

MBTI의 목적은 우리가 실생활에서 칼 구스타프 융Carl Gustave Jung의 심리 유형을 이해하고 나아가 활용하도록 돕는 것이다. 융은 1921년 『심리 유형론Psychological Type』에서 여러 가지 유형 이론을 최초로 제시했다.

심리 성향

모녀지간인 캐서린 브릭스Katharine Briggs와 이사벨 브릭스 마이어스Isabel Briggs Myers는 융의 이론을 토대로 마이어스-브릭스 성격 유형 지표를 개발했다. 이 심리측정 설문지는 우리가 서로 다른 인격체로서 주변 세상을 인식하고 그 인식을 토대로 결정을 내리는 심리 성향을 평가한다.

MBTI를 이해하려면 먼저 융의 이론을 이해해야 한다. 융은 인지 기능을 두 가지 이분 유형으로 구분할 수 있다고 제안했다.

인지 기능의 핵심은 생각을 인식하고 처리하는 일이다. 이를 테면 각성, 인식, 추론, 판단과 같은 측면이 인지 기능에 포함된다.

융이 제시한 두 가지 이분 유형은 다음과 같다.

- 사고와 감정의 이성적 판단 기능
- 감각과 직관의 비이성적 인식 기능

융에 따르면 이 같은 인지 기능은 세 번째 이분 유형인 내향적 형태나 외향적 형태로 표출된다.

이때 외향성이란 '밖으로 기울어진다', 내향성이란 '안으로 기울어진다'는 뜻이다.

융은 심리 유형을 오른손잡이나 왼손잡이와 비슷한 특성으로 이해했다. 오른손으로 글씨를 쓰는 사람이 있는가 하면 왼손으로 쓰는 사람이 있다. 오른손잡이라도 어쩔 수 없는 경우라면 왼손으로 글씨를 쓸 수 있으나 오른손을 사용하는 것을 선호한다.

융은 이와 유사하게, 개인은 선호하는 사고방식과 행동방식을 타고나거나 세월이 흐름에 따라 개발한다고 생각했다.

MBTI는 이런 차이점을 네 가지 상반되는 두 유형, 즉 이분 유형으로 구분하는데 이에 따라 16가지 심리 유형이 만들어진다. 하지만 이는 개인의 타고난 성향일 뿐, 어떤 특정 유형이 다른 유형보다 우수하다는 의미는 아니라는 점에 유의해야 한다.

네 가지 이분 유형

네 가지 상반되는 두 유형은 N으로 표기되는 직관을 제외하고 모두 머리글자로 표기된다. 네 가지 이분 유형은 다음과 같다.

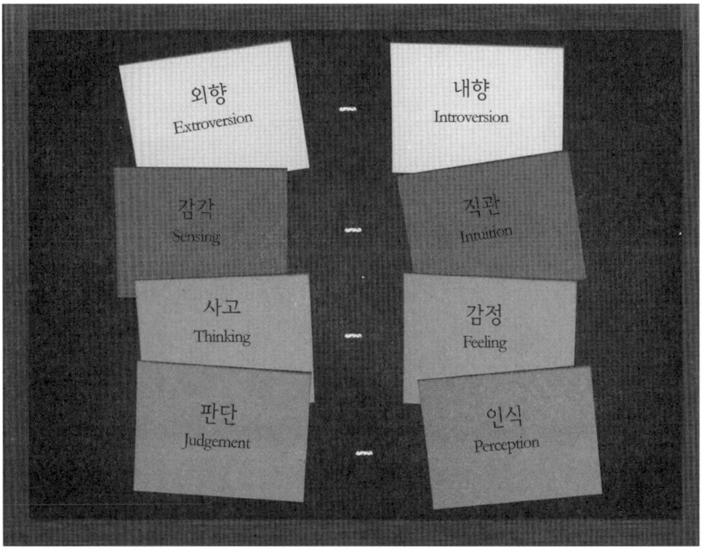

외향–내향

이 성향은 이따금 태도라고도 일컬어진다. 이때 외향성이란 '밖으로 기울어진다', 내향성이란 '안으로 기울어진다'는 뜻이다. 외향적인 유형의 성격은 주의를 사람들과 대상을 향해 밖으로 돌리는 반면 내향적인 유형의 성격은 주의를 개념과 아이디어를 향해 안으로 돌린다.

외향적인 성향을 가진 사람들은 먼저 행동한 다음 깊이 생각하고 그런 다음 다시 행동한다. 그들은 흔히 말을 잘하는 사람으로 생각된다.

내향적인 성향을 가진 사람들은 먼저 신중하게 생각한 다음 행동하고 그런 다음 다시 생각한다. 그들은 흔히 말을 잘 듣는 사람으로 생각된다.

감각–직관

이는 인식하거나 정보를 수집하는 기능의 두 형태다.

감각을 선호하는 사람들은 유형적이고 실질적인 정보를 신뢰할 가능성이 더 크다. 그들은 흔히 사소한 세부사항과 사실에 관심을 가진다. 경험과 현실을 신뢰하는 성향이 있다.

직관을 선호하는 사람들은 좀 더 추상적이고 이론적인 정보를 신뢰할 가능성이 더 크다. 그들은 큰 그림에 초점을 맞추며 흔히 자신의 본능을 신뢰하는 성향이 있다.

사고–감정

이는 판단하거나 의사를 결정하는 기능의 두 형태다.

감각이나 직관 기능으로부터 접수한 정보를 토대로 이성적인 결정을 내리는 데 이용된다.

사고를 선호하는 사람들은 흔히 논리와 이성을 토대로 편견 없는 관점으로 대상을 결정하는 경향이 있다. 그들은 대개 목표에 초점을 맞추고 머리로 결정을 내린다.

감정을 선호하는 사람들은 흔히 상황을 고려하거나 강조함으로써 결정을 내린다. 그들은 대개 주관적으로 의사를 결정하고 조화를 유지하는 편을 선호하며 마음이 시키는 대로 결정을 내린다.

판단-인식

판단 기능을 이용하고 외부 세계를 인식하는 방식 면에서 사람들의 성향은 제각기 다르다.

판단을 선호하는 사람들은 흔히 일상생활을 계획하고 조직한다. 그들은 대개 임무 중심적이며 마지막 순간의 변화나 뜻밖의 일을 좋아하지 않는다.

인식을 선호하는 사람들은 행동 계획이 없는 것처럼 보인다. 흔히 융통성과 적응력이 있으며 즉흥적으로 행동하기를 즐긴다. 그들이 발전하는 원동력은 다양성이다.

16가지 심리 유형

16가지 심리 유형은 네 문자의 약자로 표현된다. 유명 인사들의 MBTI 유형을 기재한 웹사이트가 많은데 그 가운데 일부를 다음 페이지에 실었다. 물론 이 자료의 정확도는 누구도 장담할 수 없다.

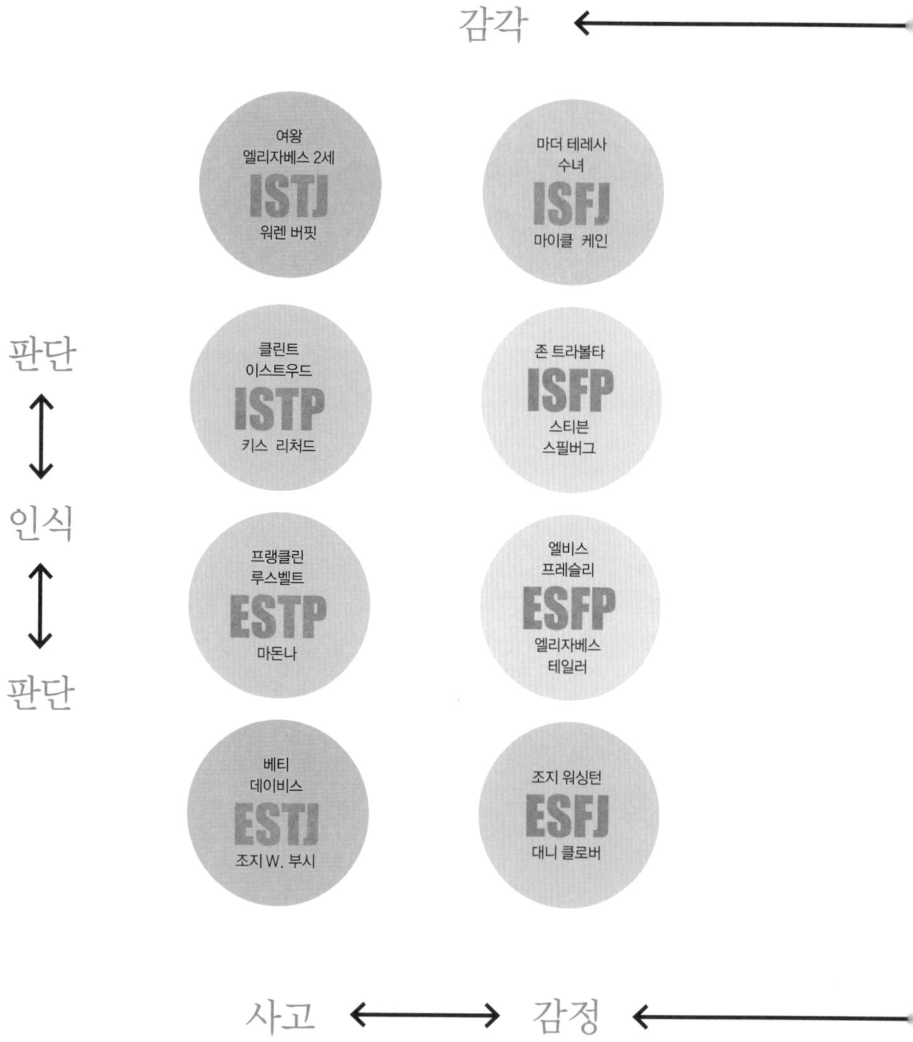
감각
판단
인식
판단
여왕
엘리자베스 2세
ISTJ
워렌 버핏
마더 테레사
수녀
ISFJ
마이클 케인
클린트
이스트우드
ISTP
키스 리처드
존 트라볼타
ISFP
스티븐
스필버그
프랭클린
루스벨트
ESTP
마돈나
엘비스
프레슬리
ESFP
엘리자베스
테일러
베티
데이비스
ESTJ
조지 W. 부시
조지 워싱턴
ESFJ
대니 클로버
사고
감정

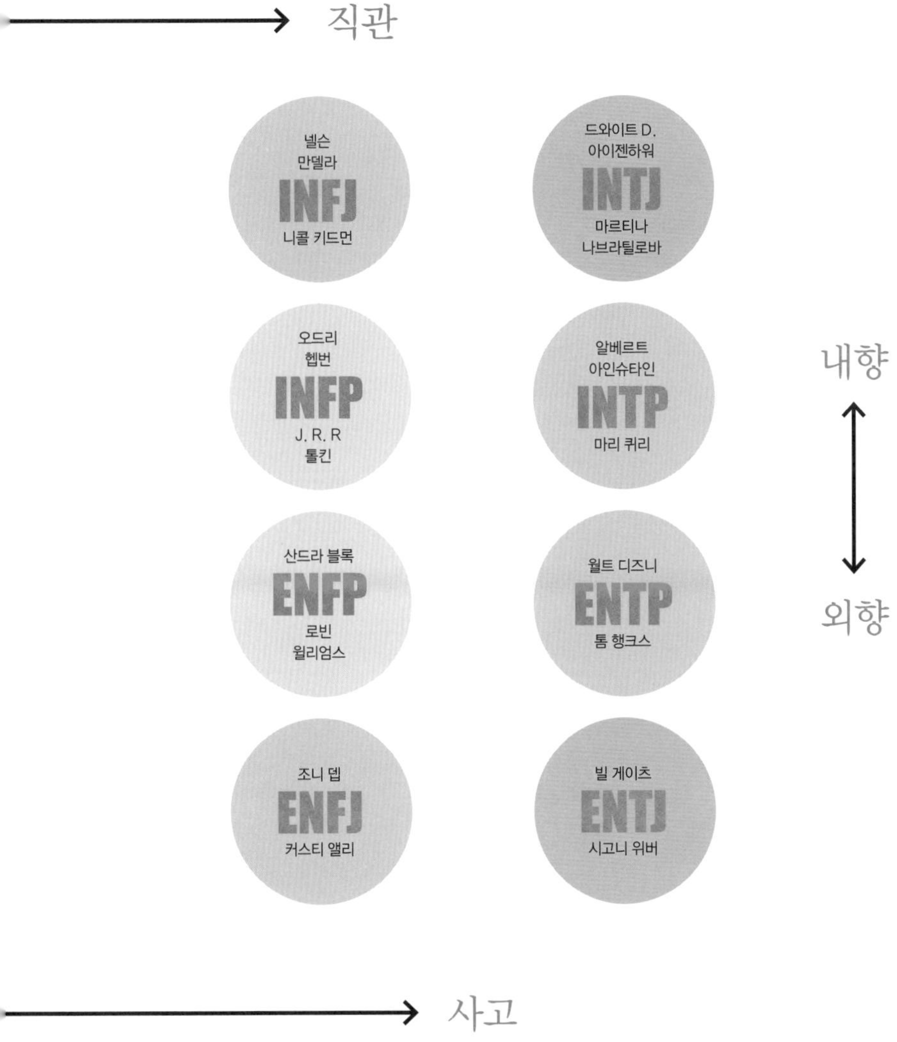
직관
넬슨 만델라
INFJ
니콜 키드먼
드와이트 D. 아이젠하워
INTJ
마르티나 나브라틸로바
오드리 헵번
INFP
J. R. R 톨킨
알베르트 아인슈타인
INTP
마리 퀴리
내향
외향
산드라 블록
ENFP
로빈 윌리엄스
월트 디즈니
ENTP
톰 행크스
조니 뎁
ENFJ
커스티 앨리
빌 게이츠
ENTJ
시고니 위버
사고

MBTI 설문지는 어떤 사람이 세상을 인식하는 방식과 다른 사람과 상호작용하는 성향을 살펴본다. 이 조사는 사람들이 자신의 성격을 더욱 깊이 있게 이해하도록 도움으로써 직장 생활과 개인 생활에 있어서 인간관계를 긍정적이고 건설적인 방식으로 개선하는 데 효과적이다. 이 조사를 통해 여러분은 다음과 같은 성과를 얻을 수 있다.

- 자신과 다른 사람의 행동을 더욱 깊이 이해한다.
- 지금과는 다르지만 건전한 방식으로 문제에 접근한다.
- 타고난 장점을 이해하고 이용한다.
- 팀워크를 향상시킨다.
- 갈등을 해소한다.

이 요소들은 개인 생활과 직장 생활에서 더 소중한 인간관계를 맺을 때 무척 중요하다. 다른 사람의 단점 때문에 모든 문제가 발생한다고 생각하기 쉽다. 하지만 놀랍게도 자신의 장단점을 깨달을 때 삶이 한층 편안해진다. 마이어스-브릭스 성격 유형 지표는 자신의 성격을 좀 더 깊이 이해하는 데 효과적이며 나아가 다른 사람을 대하는 방식에도 영향을 미친다. 시도해보지도 않고 폄하하는 일은 없어야 한다. 누가 알겠는가? 재미있는 조사라고 생각할지 말이다.

워렌 버핏과 같은 ISTJ(내향, 감각, 사고, 판단) 유형의 성격이 마가렛 대처 같은 ENTJ(외향, 직관, 사고, 판단) 유형의 성격보다 더 좋거나 나쁜 것은 아니다.

이는 단순히 다른 유형의 성격일 뿐이다.

이와 마찬가지로 인식보다 판단을 선호하는 사람이 더 비판적이거나 인식 능력이 떨어지는 것은 아니다.

뿐만 아니라 내향보다는 외향 면에서 점수가 높은 사람이라고 해서 반드시 더 외향적인 사람은 아니다. 이는 외향성을 확실히 더 선호한다는 의미에 지나지 않는다.

MBTI 성격 유형 지표 검사하기

MBTI는 간단한 설문지 형태로, 조사 참가자는 각 질문에서 두 가지 가능한 해답 가운데 하나를 선택해야 한다. 해답은 단어 조합이나 단문으로 제시된다. 해답은 정반대의 의미라기보다는 동일한 이분 유형에 대한 정반대 성향을 나타내는 데 그 목적이 있다.

유럽 영어판 검사와 북아메리카 영어판 검사는 각각 88개와 93개의 질문으로 구성된다.

우리의 성격 유형을 판단할 최고의 심판관은 우리 자신이다

MBTI에서는 조사 참가자를 자신의 유형을 판단하는 최고의 심판관으로 생각한다. 설문지는 보고 유형Reported Type을 제시하지만 이는 종합 유형Overall Type의 한 지표에 지나지 않는다. 피드백을 하는 동안 최적의 유형을 참고하면 네 가지 이분 유형을 더욱 정확히 이해하고 자신에게 가장 가까운 성격 유형을 판단하는 데 효과적이다.

피드백이 중요하다

평가할 때는 최적 유형을 활용하고 검토하면서 교육받은 MBTI 전문가로부터 상세한 피드백을 받아 보고 유형과 대조하는 방법이 가장 바람직하다.

특성이 아니라 유형이다

MBTI는 성격 성향을 분류할 뿐 뛰어난 능력을 평가하는 것이 아니다.

옳고 그름의 문제가 아니다

어떤 성향이나 유형이 다른 것보다 우수하거나 열등하다는 의미는 아니다. 모두 동등하다.

선택을 위한 것이 아니다

MBTI는 적성이 아니라 성향을 측정하기 때문에 직원을 선택 과정에 이용해서는 안 된다.

> 인격character이라는 라틴어는 비문 혹은 신원을 확인할 목적으로 대상을 구분하는 일을 의미한다. 고대 그리스어의 'charktér'는 판화라는 뜻이다.

나는 어떤 유형인가

다음은 MBTI 설문지에서 제시하는 종류와 비슷한 몇 가지 예다. MBTI의 실제 질문은 아니며 어떤 유형의 질문을 제시하는지를 알려주기 위해 실은 것이다.

앞뒤 생각 없이 일하기보다는 미리 계획하는 편을 더 좋아한다.

□ 예　　　□ 아니오

구체적인 세부사항보다 일반적인 개념에 더 관심이 많다.

□ 예　　　□ 아니오

개인의 감정보다 이성을 신뢰한다.

□ 예　　　□ 아니오

보상을 전혀 기대하지 않고 사람들을 돕는 일을 좋아한다.

□ 예　　　□ 아니오

다른 사람들에게 쉽게 공감한다.

□ 예　　　□ 아니오

대개 파티에 가기보다는 소설을 읽는 편을 더 좋아한다.

□ 예　　　□ 아니오

물건을 정리하는 일이 즐겁다.

□ 예　　　□ 아니오

사람들 틈에 있을 때 느긋하고 편안해진다.

□ 예 □ 아니오

신중한 계획에 따르기보다는 대개 순간의 감정을 토대로 결정을 내린다.

□ 예 □ 아니오

책상이나 직장을 깔끔하고 정돈된 상태로 유지하고 싶다.

□ 예 □ 아니오

자신의 감정을 표현하기가 어렵다.

□ 예 □ 아니오

여러분은 어떤 성격 유형에 속한다고 생각하는가? ?

노잉 미

Knowing me,

노잉 유

Knowing you,

아하

Aha

아바Abba와 앨런 파트리지Alan Partridge
(어쩌면 순서를 바꿔야 할지도 모르겠다).

다른 사람들의 관심 사로잡기

상대방의 기분을 맞춰주면 내면에서 일어나는 일을 전혀 이해하지 못하는 사람에 비해 상대방의 관심을 사로잡을 가능성이 더 크다. 감성지수를 개발하면 다른 사람들을 더욱 깊이 이해하고 인간관계를 개선하는 데 도움이 된다.

감성지능이란 무엇인가

감성지능은 이따금 EQ 혹은 EI로 표현된다. 감성지능의 핵심은 우리의 감정을 인식하고 통제하며 평가하는 능력, 그리고 자기 각성과 자기 동기부여다.

감성지능 이론은 1970~80년대 심리학자 가드너Gardner, 샐로베이Salovey, 메이어Mayer에 의해 제시되었다. 이후 대니얼 골먼Daniel Goldman은 『EQ 감성지능Emotional Intelligence』1985년에서 이 개념을 더욱 발전시켰다.

샐로베이와 메이어는 감성지능을 "자신과 다른 사람의 느낌과 감정을 관찰하고 구분하며 이 정보를 이용해 자신의 생각과 행동을 결정하는 능력"이라고 정의했다.

대니얼 골먼은 『EQ 감성지능』에서 EI가 "만남의 기회를 얻고, 다른 사람들의 관심을 끌고 영감을 불어넣으며, 가까운 사람들과 더욱 돈독한 관계를 맺고, 다른 사람들을 설득하고 서로 영향을 끼치며 편안하게 만들" 사회적 능력을 기른다고 말했다.

골먼은 감성지능의 다섯 가지 영역을 확인했다.

- 자신의 감정 파악하기
- 자신의 감정 관리하기
- 스스로 동기 부여하기
- 다른 사람의 감정을 인정하고 이해하기
- 관계 관리하기. 다시 말해 다른 사람의 감정 관리하기

골먼은 자신의 책에 '감성지능이 지능 지수보다 더 중요한 이유'라는 소제목을 붙였다.

그는 계속해서 다음과 같이 말했다.

"감성 기술이 발달한 사람들은 만족스럽고 효과적인 삶을 영위하며 생산성을 높이는 정신적인 습관을 기를 가능성이 높다."

'감성지능이 지능 지수보다 더 중요한 이유'라는 골먼의 명제는 매우 흥미롭다. 우리는 이따금 매우 지적인 사람들에게 끌린다. 이런 사람들에게는 대개 흥미로운 이야깃거리가 있기 때문이며 이는 큰 장점이다.

진정으로 위대한 리더는 감성 지수가 높다. 그들은 무엇이 사람들에게 영감을 불어넣고 동기를 부여하는지 알고 있다. 사람들의 자신감을 키워주는 법을 알고 있다. 그들은 들리지 않는 소리를 듣는다. 감정적인 투자의 가치를 이해한다. 그들은 흥미로운 사람이다.

감성지능이 높은 사람은 다른 사람들의 감정을 이해하고 인간관계를 관리하는 데 능숙하다.

감성지능이 높으면 사람들과 교류하는 데 도움이 되므로 이는 흥미로운 사람이 되는 과정에 있어서 매우 중요한 역할을 한다.

지능 지수가 높다고 해서 감성 지수나 감성지능이 높은 것은 아니다.

당신의 감성지능은 얼마나 높은가? 아무리 감성지능이 높다 하더라도 더욱 향상시킬 수 있다. 감성지능을 높일 수 있는 모든 기회를 활용하라. 개선의 여지는 언제나 존재한다. 이번 주에 정체성의 한 부분을 구성하는 이 요소를 성장시킬 수 있는 한 가지 일을 실천하라. 앞으로 친구와 이야기를 나눌 때 더욱 열심히 경청하라.

뇌의 힘

인간의 뇌에 대해 간단히 살펴보지 않고는 흥미로운 사람이 되는 법과 인간의 사고방식이라는 주제를 논의하기 어려울 것이다.

우리의 뇌는 믿을 수 없을 만큼 많은 임무를 수행한다.

- 체온, 혈압, 심장 박동, 그리고 호흡을 조절한다.
- 주변 세계에 대한 방대한 양의 정보를 흡수하고 처리한다. 이때 정보는 시각, 청각, 후각, 미각, 촉각을 통해 제공된다.
- 신체의 움직임을 관리한다.
- 생각하고, 추론하고, 꿈꾸고, 감정을 경험할 능력을 준다.

좌뇌-우뇌 이론

좌뇌와 우뇌 지배 이론에 따르면 두뇌의 양쪽은 제각기 다른 유형의 사고를 통제한다. 사람들은 여기에서 특정한 한 가지 사고 유형을 선호하는 것으로 생각된다.

'좌뇌형'의 사람은 흔히 더 논리적이고 분석적이며 객관적이라고 알려져 있다.

'우뇌형'은 흔히 더 직관적이고 생각이 깊으며 주관적이라고 생각된다.

이 이론은 이른바 뇌 기능 분화를 그 토대로 삼고 있다. 하지만 과연 한쪽 뇌가 특정한 기능들을 통제하는 것일까? 사람들을 우뇌형이나 좌뇌형으로 구분할 수 있을까?

우뇌-좌뇌 이론은 1981년 노벨상을 수상한 로저 스페리Roger Sperry의 연구에서 유래했다.

좌뇌 우뇌

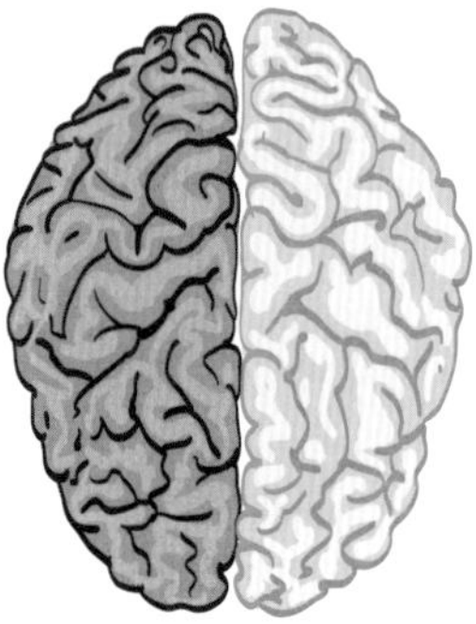

좌뇌	우뇌
언어-논리	얼굴 인식하기-감정 표현하기
분석적 사고	음악-감정 읽기
비판적 사고-수치-추론	색상-이미지
	직관-창의성

당신은 우뇌 사고형인가 좌뇌 사고형인가?

우리는 두뇌의 양쪽을 모두 사용하지만 특정한 한쪽을 나머지 한쪽보다 더 자주 사용하는 경향이 있다. 여러분은 우뇌 사고형과 좌뇌 사고형 가운데 어느 쪽에 가까운가?

인터넷에서 구할 수 있는 다양한 좌뇌-우뇌 테스트 가운데 한 가지를 실시하고 그것이 얼마나 효과적인지 판단해보라.

회전하는 무희 테스트도 있다.

무희가 어느 방향으로 회전하는 것처럼 보이는가? 시계 방향인가? 시계 반대 방향인가?

혹자에 따르면 시계 반대 방향으로 회전하는 것처럼 보인다면 좌뇌형에 가까운 반면 시계 방향으로 회전하는 것처럼 보인다면 우뇌형에 가깝다.

그런가 하면 단순히 흥미로운 착시 현상에 지나지 않는다고 생각하는 사람들도 있다.

인간의 뇌에 관한 몇 가지 흥미로운 사실

- 평범한 성인 뇌의 무게는 약 1,300~1,400그램이다.
- 아인슈타인의 뇌를 볼 수 있는 아이패드 애플리케이션도 있다. 그의 뇌는 부검 중에 허락 없이 적출되어 보관되었다.
- 뇌의 75퍼센트는 물이다. 뇌의 무게는 몸무게의 약 2퍼센트에 지나지 않지만 혈액 내 산소 가운데 약 20퍼센트를 사용한다.
- 뇌 회백질은 신호를 수집하고 전송하는 뉴런으로 구성되어 있다. 백질은 수상돌기와 축삭돌기로 구성되며 이들은 뉴런이 신호를 보낼 때 이용하는 네트워크를 만든다. 뇌는 백질 60퍼센트, 회백질 40퍼센트로 조직되어 있다.
- 각 뉴런에는 약 1,000~10,000개의 시냅스가 있다.
- 인간은 매일 평균 7만 가지 이상의 생각을 하는 것으로 알려져 있다.
- 인간이 뇌의 10퍼센트만 이용한다는 것은 잘못된 생각이다. 뇌의 각 부분에는 나름대로의 기능이 있다.
- 뇌를 계속 운동시키는 것이 좋다. 정신 활동을 하면 평생 새로운 뉴런이 만들어지도록 자극하기 때문이다.
- 잠자는 동안 사람은 사실상 마비된다. 뇌가 꿈꾸는 대로 몸이 움직이지 않도록 막는 호르몬이 뇌에서 분비되기 때문이다.
- 우리가 꾸는 꿈 가운데 약 12퍼센트는 흑백이다.
- 뇌의 혈관 길이는 총 10만 마일에 이른다.
- 뇌에는 통증 수용기가 없기 때문에 통증을 느끼지 못한다. '내 뇌가 아프다'라는 대사가 등장하는 몬티 파이튼Monty Python에게는 안타까운 사실이다.

메모

앞서 말했듯이 이 책은 교육용이 아니다. 따라서 일부 교육용 자기계발 서적과는 달리 이 책에서는 지금껏 짜증스럽거나 한심한 기억술을 이용하지 않았다.

무슨 뜻인지 알고 있는가?

계획Plan, 검토Review, 행동Action, 표적Target

이를 다음과 같이 기억하라.

PRAT

그러나 우리가 여기 있는 동안……

비록 연상기호가 약간 한심하게 보이기는 하지만 흥미로운 사람이 되는 데 도움이 된다는 사실은 짚고 넘어가야 할 것이다. 왜 그럴까? 연상기호를 이용하면 정보를 기억할 때 효과적인 학습 테크닉을 배울 수 있으며 그러한 정보는 사람들을 흥미롭게 만든다.

연상기호는 정보를 뇌가 저장하고 기억해내기 좋은 형태로 바꾼다. 단어나 문구를 연상기호로 바꾸는 실제 과정이 정보를 장기 기억으로 전달하는 데 효과적인 것으로 알려져 있다.

고대 그리스 로마 시대에는 기억을 두 가지 유형, 즉 '자연스러운' 기억과 '인위적인' 기억으로 구분했다. 전자는 타고나는 것(우리가 자동적으로 이용하는 기억이다)인 반면 후자는 학습을 통해 훈련하고 개발하는 것이다.

그렇다면 실제로 연상기호가 효과적일까? 음, 지금은 세상을 떠나신 마크의 할머니는 연상기호의 대가였다. 할머니는 마크가 어린 아이였을 때 세 가지 문구를 가르쳤다.

요크의 리처드가 전투를 개시했으나 허사였다.

Richard Of York Gave Battle In Vain

빨강, 주황, 노랑, 초록, 파랑, 남색, 보라의 무지개

케이크를 먹지 말고 연어 샌드위치를 먹어라.

그러면 젊음을 유지할 수 있다.

Never Eat Cake Eat Salmon Sandwiches And Remain Young

단어 Necessary

큰 코끼리는 언제나 작은 코끼리를 이해할 수 있다.

Big Elephants Can Always Understand Small Elephants

단어 Because

마크는 이것을 한시도 잊지 않았다. 하지만 그는 '친구는 종말이 다가올 때 항상 곁에 있다A friend is always there when the end comes'라는 문구는 배우지 못했다. 아마 그래서 지금도 친구라는 단어의 철자를 이따금 틀리는 것인지도 모른다.

심지어 연상기호Mnemonics를 위한 연상기호도 있다.

연상기호는 이제 인간의 철천지원수인

뇌의 부족한 저장능력이라는 문제를 해결한다.

Mnemonics Now Erase Man's Oldest

Nemesis, Insufficient Cerebral Storage.

인간 정신은 추상적이고 일반적인 정보보다 공간적이고 개인적인 정보를 더 쉽게 기억한다. 그래서 사람들은 연상기호를 이용한다. 정보를 개인적인 상황에 적용하면 뇌에 저장되는 것처럼 보인다.

이런 사실을 고려하면 이 책에서 적어도 한 가지 이상의 연상기호를 택하고 싶은 마음이 생길 것이다. 다음 페이지를 보라.

TANAMITB

There are no annoying mnemonics in this book.

이 책에는 짜증스러운 연상기호는 없다.

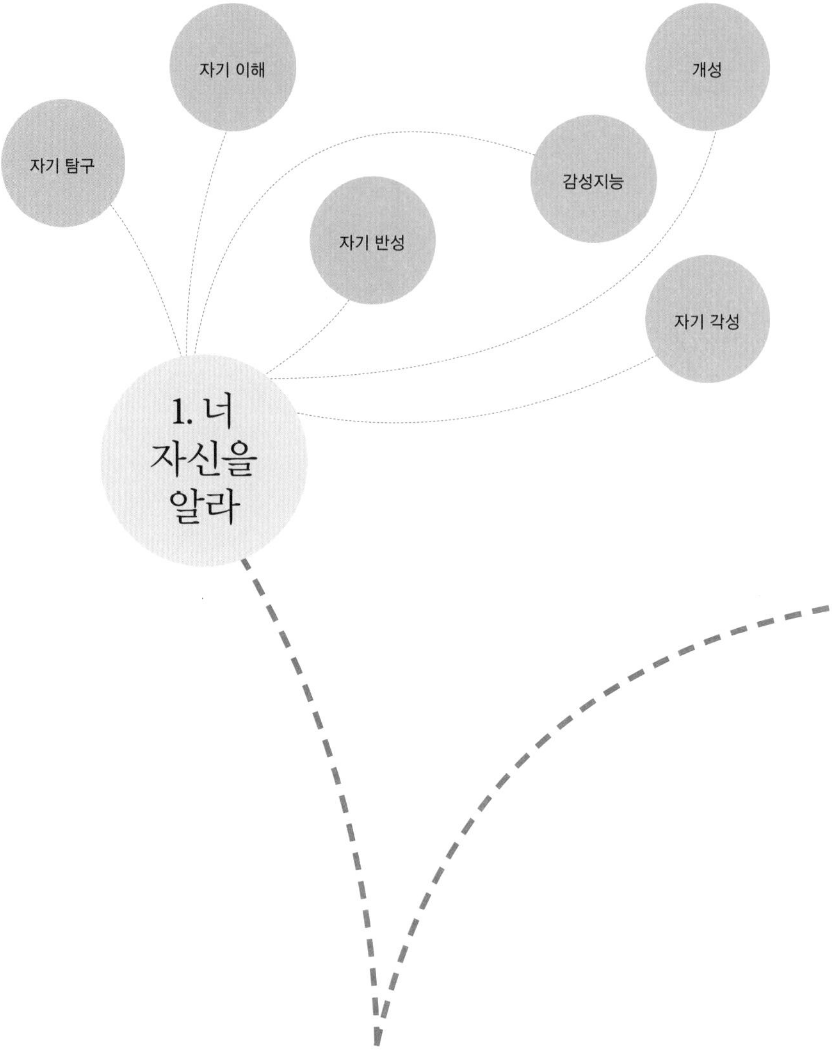

흥미로운 사람은 뭐가 다를까

2. 흥미를 가져라

주변의 모든 대상에 흥미를 가진다 = 흥미로운 사람이 된다

감탄할 만한 회고록의 걸작 『히치-22Hitch 22』에서 크리스토퍼 히친스Christopher Hitchens는 "복잡한 지상과제는 모든 대상에 흥미를 가지는 일"이라고 감사의 말에 썼다.

훌륭한 학자였던 크리스토퍼 히친스는 평생 거의 모든 사람의 의견에 반대했지만 의외로 더 큰 사랑을 받았다. 그의 의외성, 고집, 신랄한 재치는 그를 만인의 적으로 만들 수도 있었다. 하지만 삶에 대한 열정이 남달랐던 그가 2011년 세상을 떠날 무렵 각계각층의 친구들이 그의 곁을 지켰다. 그의 장례식은 사물과 개념에 대한 그의 관심을 기념하는 자리나 다름없었다.

히친스처럼 뛰어난 작가만 모든 대상에 흥미를 가져야 하는 것은 아니다. 모든 사람이 주변의 모든 대상에 흥미를 가져야 한다. 이 같은 흥미가 우리를 흥미로운 사람으로 만든다.

"어쩔 수 없는 상황에 몰리면 사람들은 살인, 방화, 은행털이를 했다고 인정하지만 따분한 사람이라는 사실은 결코 인정하지 않는다."

– 엘사 맥스웰Elsa Maxwell, 칼럼니스트 겸 파티 주최자.

흥미로운 사람이 되려면 흥미를 가져야 하는가

"연기 학교에 다닐 때 나는 학교 친구 몇 명과 같은 아파트에 살았다. 그 가운데 한 친구가 특히 흥미로웠다. 짐 워커라는 캐나다인이었는데 아직도 분명히 캐나다인일 것이다. 기억력이 탁월한, 매우 똑똑한 학생이어서 대사를 암기할 때면 모든 학생들의 부러움을 한 몸에 받았다. 그와 같은 아파트에 살았던 기간은 한 학기뿐이었지만 그 짧은 기간 동안에도 짐은 노르웨이어를 독학했다. 같은 학년에 노르웨이에서 온 학생이 두 명 있었던 터라 그렇게 하는 것이 옳다고 생각했다. 독학으로 배운 벤조 또한 수준급이었고 고급 요리를 배우기도 했다. 이 모든 일이 짐에게는 취미였으나 진짜 긴장을 풀며 머리를 식히고 싶을 때면 편안한 의자를 찾아 수학 문제를 풀곤 했다. 뿐만 아니라 그는 훌륭한 배우이기도 했다. 그동안 쌓은 주변 세상과 세상 사람들에 대한 풍부한 지식이 배우로서 발전하는 데 분명 큰 도움이 되었을 것이다. 하지만 짐에게 정말로 흥미로운 점은 그가 우리에게 진정으로 흥미를 가졌다는 사실이다."

– 데이브

흥미로운 사람이 되려면 흥미를 가져야 하는가

다른 사람에 대해 흥미를 가지면 서로 얼굴을 맞대는 상호교류에서는 특히 효과적이다. 이 사실은 따분함을 다룬 부분에서 이미 언급한 바 있다. 우리는 어쩔 수 없이 다른 사람들의 관심과 흥미를 즐긴다. 그렇다면 반대로 우리가 다른 사람들에게 흥미를 보이는 것이 그들의 흥미를 끌고 유지하는 데 도움이 될까?

관심의 대상이 되면 기분이 무척 좋아진다. 중요하고, 훌륭하고, 소중하고 가치 있는 존재가 된 듯이 느껴진다. 다른 사람들의 관심이 우리의 감정에 긍정적인 영향을 미치기 때문이다. 따라서 우리가 먼저 다른 사람에게 흥미를 보인다면 그들의 관심을 끌고 흥미를 불러일으키기가 쉬울 것이다.

물론 다른 사람들의 무의식을 조종할 가능성도 없지 않지만 그게 그리 대수겠는가?

어떤 여인에 대한 흥미로운 이야기가 있다. 이 여인은 어느 날 저녁 윌리엄 글래드스턴William Gladstone과 함께 식사를 하고 다음날에는 벤저민 디즈레일리Benjamin Disraeli와 저녁 식사를 했다.

이후 그녀는 다음과 같이 말했다.

"글래드스턴 씨와 저녁 식사를 한 다음에 나는 그가 우리나라에서 가장 똑똑한 남자라고 느꼈다. 디즈레일리 씨와 식사한 다음에는 내가 우리나라에서 가장 똑똑한 여자라고 느꼈다."

다른 사람들에게 흥미를 보이면 사람들의 자신감이 커진다.

글래드스턴과 디즈레일리 가운데 어떤 사람이 되고 싶은가? ?

당신은 interesting한가, interesting한가?

인생은 짧다. 매순간을 십분 활용하라.

흥미로운 분위기

그렇다면 두 명 이상의 사람이 상대방에게 흥미를 가지거나 흥미로운 사람이라고 생각하며 교류할 경우 어떤 일이 일어날까?

흥미로운 사람이 되는 법에 대한 타라 스워트Tara Swart 박사의 신경과학적인 정의를 통해 이 질문의 해답을 찾아보자.

심오하고 본원적인 본능의 차원에서 볼 때 우리는 뇌의 감정 중추를 통해 다른 사람이 우리에게 흥미가 있는지 감지할 수 있으며 그들이 흥미가 있다면 우리도 그들에게 더 큰 흥미를 느낄 확률이 높다.

진정으로 흥미가 있는 것처럼 보이려면 기발한 질문이나 해당 주제에 관한 일화보다는 상대방을 이해하기 위한 경청 태도나 정도와 사회적으로 적절한 수준의 눈 맞춤이 선행되어야 한다. 두 사람이 이런 태도를 주고받을 때 몇몇 단계에서는 두 사람의 뇌가 공감대를 형성한다.

신경화학 작용에 따라 뇌는 뇌의 보상 지역에 도파민을 분비하기 시작한다. 이 신경화학물질은 여러분이 원하는 것을 얻고 싶다는 소망과 관계가 있다. 여러분이 원하는 것을 얻을 때 오피오드가 분비된다. 세로토닌은 좋은 기분을 유지하는 데 효과가 있다. 서로에 대한 신뢰와 사랑이 싹틀 때는 옥시토신이 분비된다. 옥시토신은 시상하부에서 분비되는 호르몬으로, 침착하고 온화한 분위기를 유도해 인정과 애정을 불러일으키며 긴장을 풀어준다. 이는 아마도 흥미로운 사람이 되는 과정에 가장 기본적인 호르몬일 것이다. 노르아드레날린은 앞에 언급한 모든 효과를 강화하며 주의와 집중에 영향을 미친다. 그러면 코르티솔(스트레스) 수치가 낮아질 것이다.

기분은 인간의 여덟 가지 기본적인 감정(두려움, 분노, 혐오, 수치, 슬픔, 놀람, 기쁨/흥분, 사랑/신뢰)의 혼합물이다.

대인관계 신경생물학에 대한 연구에서 밝혀진 증거에 따르면 흥미를 가진다는 것은 호기심이나 알고 싶은 욕구를 느낀다는 뜻이며 이는 흥분과 신뢰가 결합된 놀람이라는 감정의 표현이다.

뇌의 핵심은 상호연결이다. 우리의 유전적 구조는 자궁, 부모의 양육 형태, 학습 성향, 재능 선택, 사회 환경, 성별, 문화, 관계, 그 밖의 다양한 요인에서 비롯되는 삶의 경험과 합쳐져 우리의 됨됨이와 흥미를 느끼는 대상, 그리고 자신의 삶에 끌어들이고 싶은 사람이나 대상의 독특한 청사진을 창조하며 지속적으로 우리의 미래를 형성한다.

간단히 말해 흥미를 가지는 것은 우리의 뇌가 다른 사람의 뇌에 미치는 영향을 인식하고 조절하는 과정과 관련 있다. 이때 중요한 것은 도를 넘지 않을 정도의 새로움, 도전, 그리고 관계를 맺고 동기를 부여하겠다는 선택이다. 신경가소성(배우고, 배운 것을 잊고, 다시 배우는 능력)이란 우리가 자신의 도구상자에 담겨 있지 않은 기술을 개발할 수 있는 능력을 의미한다. 우리는 삶에서 얻은 교훈을 통해 암시적으로 배울 뿐만 아니라 이 책을 읽는 것처럼 명시적으로도 배울 수 있다. 흥미로운 사람을 찾고 그들로부터 무엇을 배울 수 있는지 생각하라.

내 옥시토신 수치가 치솟았어!

골상학이라는 주제에 대한 흥미로운 여담

골상학은 독일 내과의사 프란츠 요제프 갈Franz Joseph Gall의 연구를 토대로 발전했다. 인간의 대뇌피질이 동물에 비해 크다는 사실에 주목한 그는 인간이 지적으로 우수한 것이 이 사실 때문이라고 믿게 되었다.

그는 계속해서 두개골의 모양과 크기로 피질의 물리적 특성을 파악할 수 있다는 이론을 제시했다.

그의 이론은 다음과 같은 식으로 전개되었다.

뇌는 정신기관이다.

↓

정신은 여러 가지 독특하고 선천적인 기능으로 구성된다.

↓

이 기능은 제각기 독특하기 때문에 뇌의 특정한
구역이나 기관이 각 기능을 관할한다.

↓

기관의 크기는 그것의 위력과 관계가 있다.

↓

뇌의 모양은 다양한 기관의 발전에 따라 결정된다.

↓

뇌의 모양에 따라 두개골의 모양이 결정되므로 두개골의 표면을
심리적인 특성을 파악하는 정확한 척도로 이용할 수 있다.

갈은 계속해서 교도소나 병원, 혹은 다른 기관에서 만난 사람들의 두개골을 측정했다. 그런 다음 측정 결과를 토대로 27가지 기능으로 구성된 시스템을 설계했는데 그는 각각의 기능이 머리의 특정한 부분과 관련이 있다고 믿었다.

그는 차트를 개발해서 두개골의 어느 부분이 각각의 특성과 관련이 있는지를 설명했다.

골상학에서 제시하는 뇌의 27가지 기능

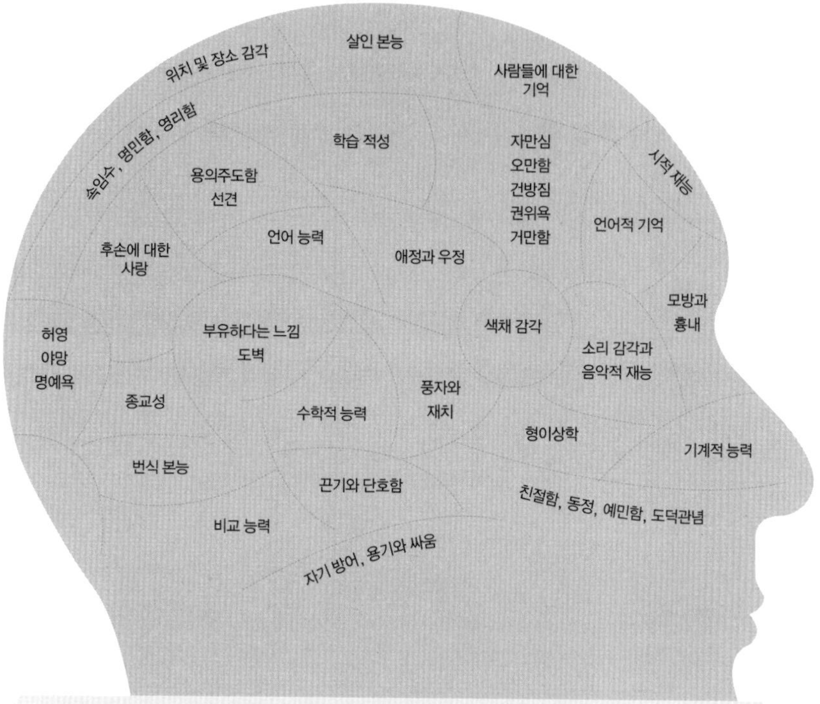

사람들은 이를 무척 흥미롭다고 여기고 선뜻 믿었다!
골상학은 널리 보급되어 1832년 무렵 런던에만 골상학 협회가 스물아홉 곳에 이르렀다.

1820~40년대에는 고용주가 지역 골상학자에게 성격에 관한 소견서를 부탁해 취업 지원자들이 근면하고 믿을 만한지 여부를 확인하는 일이 드물지 않았다.

하지만 마침내 이성이 득세했다. 골상학의 인기는 시들해졌고 사람들은 결국 골상학을 연금술, 숫자 점, 손금과 같은 시각으로 보게 되었다.

흥미로운 몇 가지 기능

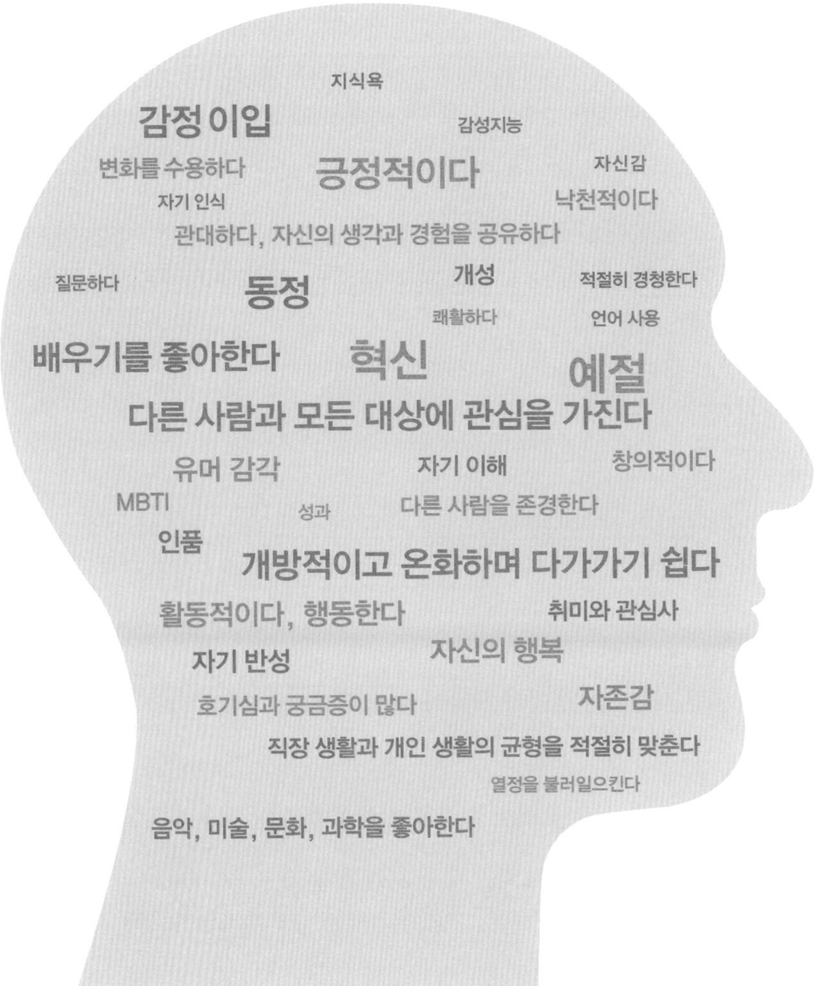
지식욕
감정 이입
감성지능
변화를 수용하다
긍정적이다
자신감
자기 인식
낙천적이다
관대하다, 자신의 생각과 경험을 공유하다
질문하다
동정
개성
적절히 경청한다
쾌활하다
언어 사용
배우기를 좋아한다
혁신
예절
다른 사람과 모든 대상에 관심을 가진다
유머 감각
자기 이해
창의적이다
MBTI
성과
다른 사람을 존경한다
인품
개방적이고 온화하며 다가가기 쉽다
활동적이다, 행동한다
취미와 관심사
자기 반성
자신의 행복
호기심과 궁금증이 많다
자존감
직장 생활과 개인 생활의 균형을 적절히 맞춘다
열정을 불러일으킨다
음악, 미술, 문화, 과학을 좋아한다

흥미로운 사람이 되는 방법을 배우는 일과 친구를 얻고 사람들에게 영향을 미치는 방법이 비슷한 이유

『카네기 인간관계론How to Win Friends and Influence People』은 지금까지 출간된 자기계발서 가운데 베스트셀러로 손꼽힌다. 데일 카네기Dale Carnegie의 작품으로 1936년에 출간되었다. 이후 이 책은 세계적으로 1억 5천만 부 넘게 팔렸다.

우리는 일말의 망설임도 없이 이 책을 추천한다.

아직까지 읽지 않은 사람이 있다면 이 책이 눈에 띄는 대로 읽을 것을 제안한다.

이미 읽은 사람이라면 다시 읽고 내용을 되새겨보기 바란다.

이 책은 당연히 친구를 얻고 사람들에게 영향을 미치는 데 효과적이다. 그런 한편 흥미로운 사람이 되는 데도 효과적이다. 이 세 가지 요인은 서로 밀접하게 관련되어 있다.

카네기는 오늘날 우리도 공감할 수 있는 철학과 이와 관련된 여러 가지 지혜를 전했다. 이 가운데 두 가지를 살펴보자.

첫 번째 지혜는 언제나 우리를 미소 짓게 만든다.

"운명이 당신에게 레몬을 건네면 레모네이드를 만들어라."

그리고 두 번째 지혜는 언제나 우리를 생각하게 만든다.

"기억하라, 행복은 여러분이 어떤 사람이며 무엇을 가지고 있는지가 아니라 무엇을 생각하는지에 따라 좌우된다."

카네기의 한 가지 핵심 개념은 다른 사람들에 대한 여러분의 반응이 달라지면 그들의 행동 또한 달라진다는 사실이다.

다음은 1936년 초판에 한 페이지를 할애해 실었던 내용으로, 여러분이 보면 흥미로워할 목록이다. 수익능력만 제외하면 모든 항목이 흥미로운 사람이 되는 방법과 무관하지 않기 때문이다.

이 책을 통해 독자들이 거둘 수 있는 12가지 성과

- 틀에 박힌 사고에서 벗어난다. 새로운 생각, 새로운 비전, 새로운 야망을 얻는다.
- 빠르고 쉽게 친구를 사귈 수 있다.
- 인기가 많아진다.
- 여러분의 의견을 수용하도록 사람들을 설득할 수 있다.

- 영향력과 인지도, 업무 수행 능력이 향상된다.
- 새로운 고객을 얻을 수 있다.
- 수익능력이 커진다.
- 더욱 훌륭한 세일즈맨, 더욱 훌륭한 중역이 된다.
- 불만을 처리하고 논쟁을 피하며 평탄하고 유쾌한 인간관계를 유지할 수 있다.
- 더욱 효과적으로 말하고 재미있게 대화할 수 있다.
- 일상적인 만남에서 철학 원칙을 쉽게 적용할 수 있다.
- 동료들의 열정을 불러일으킬 수 있다.

이와 마찬가지로 사람들에게 호감을 얻는 여섯 가지 방법은 사람들이 여러분을 흥미롭다고 느끼게 만드는 방법으로 바꿔 표현할 수 있다.

사람들에게 호감을 얻는 여섯 가지 방법

1.
다른 사람들에게
진심으로 관심을
기울여라.
2.
미소를
지어라.
3.
어떤 언어에서든
상대방에게 자신의 이름은
가장 감미롭고 중요한
소리임을 명심하라.
4.
훌륭한 청자가
되어라. 다른 사람들이
자신에 대해 이야기
하도록 격려하라.
5.
상대방의
관심사에 대해
이야기하라.
6.
상대방이 중요한 사람이
라는 느낌을 전달하라.
그리고 진심으로 그렇게
생각하라.

마지막으로 카네기의 작품에 실린 다음 부분이 흥미로운 사람이 되는 방법과 어떻게 직접적으로 관련이 있는지 주목하라.

사람들을 설득하는 12가지 방법

- 논쟁에서 이길 수 있는 유일한 길은 논쟁을 피하는 것이다.

- 상대방의 의견을 존중하라. 결코 "당신이 틀렸다"고 말하지 마라.
- 잘못했다면 재빨리 진심을 담아 인정하라.
- 우호적인 태도로 시작하라.
- 상대방이 곧바로 "예, 그렇습니다"라고 말하도록 이끌어라.
- 상대방이 이야기를 많이 하도록 기회를 주라.
- 상대방이 어떤 아이디어를 자신의 것이라고 여기게 내버려두라.
- 다른 사람의 관점으로 상황을 보기 위해 진심으로 노력하라.
- 상대방의 생각과 소망에 공감하라.
- 더 고상한 동기에 호소하라.
- 자신의 생각을 극적으로 표현하라.
- 도전을 제시하라.

카네기는 다양한 원천을 토대로 자신의 견해를 발전시켰다는 사실에 자부심을 느꼈다. 그는 다음과 같이 말했다. "내가 제시한 개념들은 내 것이 아니다. 나는 소크라테스에게 빌렸다. 체스터필드Chesterfield로부터 슬쩍했다. 예수 그리스도에게서 훔쳤다. 그리고 그것들을 한 권의 책에 담았다. 이들의 규칙이 마음에 들지 않는다면 누구의 규칙을 이용할 것인가?

카네기는 뉴욕의 미국 연극 아카데미에서 연기하고 공부하고 싶었지만 배우로서는 성공하지 못했다. 그의 중간 이름은 브레켄리지Breckenridge였다.

마음에 들지 않는 사람에게 무언가를 구매한 경험이 있는가

판매 분야에 몸담았던 사람이라면 누구나 제품을 팔기에 앞서 자신을 팔아야 한다고 주장할 것이다.

훌륭한 세일즈맨은 고객에게 긍정적인 흥미를 가진다. 고객을 다음 번에 정복할 대상이라고 생각하지 않는다. 한 인간으로서 고객에게 흥미를 가지고 그가 올바른 결정을 내릴 수 있도록 조언한다.

훌륭한 판매는 두 단계로 구성된다. 1단계에서 세일즈맨은 고객에게 충분한 관심을 쏟아 그들의 욕구와 필요를 찾아내고 그 욕구와 필요를 충족시켜 줄 수 있다는 확신을 심는다. 이는 개인적인 차원의 문제다. 고객을 이끌고 방향을 제시하기 위해 관심을 가지는 것이다. 세일즈맨이라는 꼬리표를 떼고 믿을 수 있는 조언자가 되는 것이다.

2단계에서는 고객이 신뢰할 만한 조언을 받아들이고 제품 구매를 결정하도록 이끈다. 이 과정이 효과적으로 진행된다면 그것은 훌륭한 세일즈맨이 두 사람 모두 서로에게 흥미가 있다는 사실을 명확히 밝혔기 때문이다.

"대학에 입학하기 전에 나는 아버지처럼 방문 판매원으로 일했다. 어느 날 아버지께 더 좋은 성과를 거둘 수 있는 조언을 해달라고 부탁했다. 아버지는 큼지막한 다이어리(A4 크기로 하루에 한 페이지씩 쓸 수 있는 정도)를 사서 고객과 나눈 대화 가운데 기억에 남는 개인적인 사실들(특히 생일, 결혼기념일, 질병, 휴가 등)을 최대한 많이 적으라고 말씀하셨다. 그리고 다음번에 고객을 방문할 때 그가 내게 이미 알려준 개인 정보 가운데 한 가지만 그에게 언급하면 주문을 받을 수 있다고 설명해주셨다. 아버지는 지금 80대 초반이지만 아직도 예전의 고객을 만난다. 상호 신뢰와 관심을 통해 고객에서 친구로 변했기 때문이다."

– 데이브

"두 작가의 아버지는 모두 사회 경력을 쌓던 중에 판매원으로 일하신 적이 있다. 우리 아버지 역시 내게 조언을 해주셨다. 내가 초등학교에 다닐 무렵이었다. 나는 지금도 누군가 만날 때마다 그 사람의 눈을 바라보고 미소를 지으며 손을 꼭 잡고 따뜻하게 악수를 해야 한다고 신중하게 조언해주시던 아버지의 모습을 기억한다. '아버지, 그렇게까지 중요한 건 아니죠? 아버지는 그냥 인사만 하시잖아요.' 하지만 돌이켜보면 그것은 내가 받았던 최고의 조언이었다."

– 마크

다른 사람에게 흥미를 가지는 것은 흥미로운 사람이 되는 것 못지않게 중요하다

직업병 의학 분야의 팀 앤스티스Tim Anstis 박사는 흥미로운 사람이 되고, 흥미를 가지는 방법에 대해 다음과 말했다. 그는 CBT(인지 행동 요법)Cognitive Behaviour Therapy와 동기 면담Motivational Interviewing의 전문가다.

"다른 사람들과 돈독하고 건전한 관계를 맺고 싶다면 개인적인 목적을 이루기 위한 거짓 관심이 아니라 진심어린 관심을 가져야 한다. 철학자 칸트가 말했듯이 상대방을 목적을 위한 수단이 아니라 목적 그 자체로 대해야 한다. 이는 진실하고 진심어린 관심을 보이는 과정의 기본적인 구성요소다."

개방형 질문

개방형 질문이란 한 단어로 답하기 어려운 질문이다. 이런 질문은 사람들로 하여금 말하고, 묘사하고, 자세히 설명하고, 탐구하고, 계속 말하도록 권한다. 개방형 질문의 예를 들면 다음과 같다.

- 그 다음에 무슨 일이 일어났습니까?
- 그녀가 왜 그렇게 했다고 생각합니까?
- 왜 그렇게 느낍니까?
- 그렇다면 이제 어떻게 할 겁니까?

개방형 질문에 끌리지 않는 사람도 있을 것이다. 개방형 질문을 하다 보면 대화가 약간 심문 같다고 느낄 수도 있다. 하지만 개방형 질문은 대화를 진행하면서 상대방이 흥미로운 사람이며 그래서 여러분이 그에게 흥미를 가지고 있다는 느낌을 전달하는 데 도움이 된다.

긍정

긍정은 여러분이 발견한 노력, 태도, 기술 혹은 장점 등 상대방의 좋은 점을 인정하는 말이다. 단순히 '머릿결이 아름답군요' 혹은 '멋진 자동차네요'라고 말하는 데 그치지 않고 상대방의 핵심으로 더욱 깊이 내려간다. 이를 테면 다음과 같이 말한다.

- 당신은 정말 다른 사람들로부터 최고의 모습을 끌어내는 방법을 알고 있군요.
- 그렇게 하다니 정말 용감하십니다.
- 진심으로 노력하시는군요.
- 이런 종류의 일에 진짜 열정이 있군요.

하지만 이 경우에도 대화를 하면서 긍정의 말만 늘어놓아서는 안 된다. 첫째 긍정의 말을 하려면 대화에서 상대방이 제공하는 원료를 이용해야 하므로 사실상 그렇게 할 수도 없다. 둘째 대화가 어색해지고 듣는 사람이 의심스러워 할 수도 있다. 따라서 이따금 한두 번 정도 긍정의 말을 전하라. 양념처럼 이용하라.

반추

반추란 상대방이 한 말 가운데 일부를 다른 단어로 표현해 그 사람에게 다시 전달하는 것이다. 반추를 이용하면 상대방은 여러분이 자신의 말을 듣고 그 말을 이해하기 위해 노력한다고 느끼며 이따금씩은 자신을 더욱 정확하게 이해하게 된다. 단순하거나, 복잡하거나 혹은 양면적인 반추를 제시할 수 있다. 단순한 반추는 다음과 같다.

상대방의 말	여러분의 말
"그 사람들은 대체 왜 그런 건가요?"	"이해하시기 좀 어려우시죠."
"지금 당장은 뭐라고 말해야 할지 모르겠어요."	"좀 더 생각해보셔야 합니다."
"몹시 흥분되네요."	"이 일을 정말 기대하고 계시군요."

인간에게는 오해받기보다는 이해받고픈 강한 욕구가 있다. 이 욕구를 유리하게 이용하라.

상대방이 방금 한 말에 따라 다음과 같이 양면적인 반추를 할 수 있다.

- "당신은 살을 빼고 싶은데 운동을 더해야 한다고 생각하지는 않는군요."
- "당신은 그 남자와 함께 있고 싶은 마음이 있는데 한편으로는 거절당할까 봐 걱정스럽군요."
- "그 강좌를 들으면 이롭다고 생각하시지만 거기까지 갈 수가 없는 거네요."
- "저축을 하면 주택 시장에 진출하는 데 도움이 되는데 분할 상환금을 계속 납입할 수 있을지 약간 걱정스러우신 거네요."

대조를 위해 '하지만'이나 '그런데'를 이용할 수 있다. 나는 개인적으로 '하지만'을 사용하는 것이 편하다. 하지만 이 말을 쓰면 앞서 말한 내용을 무시하는 것 같은 느낌을 줄 수 있기 때문에 양면적인 반추를 할 때 '그런데'를 더 많이 쓰려고 노력한다.

요약

요약은 상대방이 말한 내용의 몇 가지 요소를 종합하는 긴 반추다. 요약하면 여러분이 상대방의 말을 정확하게 이해했는지 확인하고 상대방 역시 자신이 말한 내용을 다시 들을 수 있다. 아울러 대화를 다른 방향으로 전환하거나 마무리할 준비를 할 수 있다. 요약하기 전에 상대방의 허락을 구해도 좋다. 요약의 예는 다음과 같다.

"내가 이 말을 정확하게 이해했는지 확인해도 될까요? 그러니까 당신이 이 일을 세 달 동안 하고 계시고…"

적절한 때에 제대로 요약을 활용하면 상대방에게 여러분이 경청하고 이해하고 있다는 느낌을 줄 수 있다. 그러나 긍정과 마찬가지로 요약을 남용해서는 안 된다.

다른 사람들과의 관계를 강화할 수 있는 또 다른 방법이 있다. 재미있는 소식을 접하면 호기심을 가져라. 상대방이 그 소식에 대해 더 많이 이야기하고 설명하며 탐구하도록 만들어라. 그러면 양측 모두 좋은 감정을 느낄 것이다.

가령 한동안 만나지 못했던 친구를 만났는데 친구가 얼마 전 승진했다는 소식을 전한다고 하자. 이때 여러분은 이렇게 말할 수 있다.

"정말? 그런데 이제 우리 뭐할까?"(그들의 말을 무시한다.)

아니면 이렇게 말할 수 있다.

"정말? 나는 지금 엉망진창이야. 다람쥐 쳇바퀴 도는 느낌이야."(여러분에 대해 이야기한다.)

아니면 이렇게 말할 수 있다.

"어 그래? 스트레스가 더 많아지지 않겠어? 출장도 많아지고 매일 야근해야 할 테니. 아마 돌아버릴 걸?"(부정적인 태도를 보인다.)

아니면 이렇게 말할 수 있다.

"와, 기분이 어때?(그리고 듣는다). 가장 기대되는 게 뭐야? (그리고 듣는다). 회사에서 왜 너를 선택했다고 생각하니?" 등.

마지막 말은 적극적-건설적 반응이라고 일컬어지며 모든 사람이 이런 반응에 더욱 익숙해질 수 있다.

이런 반응은 우리가 상대방에게 진심으로 흥미가 있다는 사실을 전달하는데, 그렇게 되면 우리 또한 흥미로운 사람이 된다.

안 L. 슈미트Arne L. Schmidt는 할리우드의 프로듀서 겸 작가로 수많은 스타와 함께 작업했다. 그의 작품으로는 〈로보캅Robocop〉 같은 흥행대작이 있다. 그는 작품을 통해 다른 사람에 대한 관심이 미치는 영향력을 전달했다.

"한 번은 세트 조명이 켜지기를 기다리던 배우 옆에 앉게 되었다. 며칠 전에 촬영을 시작한 터라 그때까지는 그 배우와 친분을 쌓을 수 있는 기회가 없었다. 이 기회에 그에 대해 몇 가지 질문을 하면 '나를 흥미로운 사람으로 여길 것'이라는 생각이 들었다. 그러면 그가 좋아할 것 같았다. 그래서 나는 그에게 어떻게 영화계에 뛰어들었냐고 물었다. 전혀 해롭지 않은 질문이라고 생각했지만 그건 내 착각이었다. 그가 지난 번 영화를 홍보하는 동안 내내 들어야 했던 따분한 질문이라는 생각을 미처 하지 못한 것이다. 잠시 후 나는 그의 곁을 떠나 다른 사람들과 어울렸다.

그 무렵 그의 생일이 머지않았기 때문에 나는 서점에 들러 그가 좋아할 만한 책을 찾았다. 영화가 끝나면 오토바이를 타고 세계 일주 여행을 할 계획이라던 그의 말이 생각나서 이제 막 세계 일주 여행을 마친 사람이 쓴 책을 골랐다. 생일 파티에서 그 책을 건네자 그의 얼굴이 환해졌다. 이제 그와 내가 모두 열정을 느낄 수 있는 그 무언가, 즉 오토바이를 발견한 것이다. 우리는 오토바이에 대해 한참동안 신나게 대화를 나누었다. 평생 갖가지 오토바이를 타보았던 나는 대화를 나누면서 오토바이에 대한 내 열정과 지식을 한껏 보여주었다. 그때 나는 흥미로운 사람이 되는 방법에 대한 큰 교훈을 얻었다."

관대해져라

흥미로운 사람들은 관대한 영혼과 정신의 소유자다.

대접받고 싶은 대로 대접하라

이는 거의 모든 윤리 전통에서 다양한 형태로 등장하는 황금률이다. 윤리적 사고의 탄탄한 토대인 반면 잊어버리기 쉬운 문구이기도 하다.

예수 그리스도는 이렇게 설파했다. "그러므로 무엇이든지 남에게 대접 받고자 하는 대로 너희도 남을 대접하라…."

공자는 다음과 같이 가르쳤다. "네가 원치 않는 일이라면 다른 사람에게도 하지 마라… 네가 명예를 얻고 싶다면 다른 사람이 명예를 얻도록 도와라. 네가 성공을 원한다면 다른 사람이 성공할 수 있도록 도와라." 그런가 하면 마호메트는 이렇게 말했다. "다른 사람을 해치지 마라. 그러면 아무도 너를 해치지 않을 것이다."

흥미로운 사람이 되려면 대접받고 싶은 대로 다른 사람을 대접해야 한다. 흥미로운 사람이 되려면 다른 사람에게 흥미를 가져야 한다. 그러려면 그들을 존중해야 한다.

1963년 미국 대통령 존 F. 케네디는 이 황금률을 훌륭하게 이용해 인종 차별과 인종 분리에 대한 반대 의사를 분명히 밝힘으로써 본인의 의견을 주장하고 청중들의 흥미를 끌었다. "모든 미국 국민이 동등한 권리와 동등한 기회를 제공받고 있습니까? 우리는 다른 미국 국민을 우리가 대접받고 싶은 대로 대접하고 있습니까? 이것이 바로 문제의 핵심입니다."

이 황금률의 위력은 변하지 않는다.

흥미를 가질 때 흥미로운 사람이 된다면 이 황금률을 항상 명심해야 하지 않겠는가?

철학적인 면에서 이 황금률은 다른 사람을 '나' 혹은 '자신'처럼 생각해야 한다는 뜻이다.

반면 심리학적인 면에서 보면 다른 사람들에게 감정을 이입해야 한다는 뜻이다.

여러분은 황금률을 따르고 있는가? 우리는 대부분 그러려고 노력하지만 대충 넘어갈 때가 많다. 다른 사람들과 교류할 때 이 질문을 떠올려라. 그러면 황금률을 더욱 자연스럽게 적용하게 될 것이다.

감정 이입

감정 이입의 정의는 무척 다양하다.

이 말은 다른 사람에 대한 배려와 그들을 돕고 싶은 마음을 의미한다.

또한 다른 사람의 감정에 어울리는 감정을 느낀다는 뜻일 수도 있다. 다른 사람의 기분, 생각, 혹은 태도에 공감한다는 뜻일 수 있으며, 다른 사람의 생각이나 기분을 안다는 뜻일 수도 있다.

감정 이입을 통해 우리는 주변 사람들의 행동을 이해하고 예상할 수 있다.

영국의 심리학자 에드워드 티치너Edward Titchener는 1909년 '감정 이입empathy'이라는 단어를 최초로 영어에 도입했다. 이는 독일어 'Einfühlung(들어가서 느끼다)'을 번역한 단어다.

Come in
WE'RE
OPEN
* 들어오세요. 개점 중입니다.
Sorry
WE'RE
Closed
* 미안합니다. 폐점했습니다.

개방과 폐쇄? 어느 편이 더 따뜻한가

"나는 마음이 열린 사람입니다." 우리는 누구나 이런 말을 한다. 정말 그럴까? 그렇지 않다. 그렇다면 이 말은 무슨 의미일까? "나는 옆 사람만큼 마음이 열린 사람입니다"라는 뜻이다. 그렇다. 그런데 옆 사람이란 또 누구인가? 실제로 이미 선택한 의견 이외에는 모든 것에 마음을 닫았으면서도 듣기 좋게 하는 말들이 있다. 바로 위와 같은 말이다.

마음을 연다면 근사하지 않겠는가? 상상해보라. 모든 것을 받아들인다. 아, 그 멋진 정보를 모두 살펴보는 즐거움이여! 하지만 우리는 대부분 진심으로 마음을 열지 않으며 앞으로도 그럴 것이다. 그런데 사실 이런 태도가 진심으로 마음을 열지 못하도록 우리를 가로막고 있는 것은 아닐까?

마음을 여는 것은 바람직한 일이다. 편견 없이 의견을 정할 수 있다면 흥미로운 사람이 될 것이다.

경청하고 때 묻지 않은 맑은 정신으로 정보를 처리하며 자유로운 마음으로 반응할 수 있는 사람은 실로 흥미로운 사람일 것이다.

경청하고 있는가

귓바퀴의 모양은 물음표와 비슷하다.
여기에는 그만한 이유가 있다.

훌륭한 커뮤니케이터라면 더욱 흥미로운 사람이 될 것이다. 훌륭한 커뮤니케이터가 되는 한 가지 비결은 매우 간단하다.

누구든 배울 수 있는 기술이지만 어떤 이유에선지 굳이 배우려 하지 않는 사람들이 많다. 배울 능력이 없어서가 아니라 그 기술의 위력을 모르기 때문이다.

그렇다면 과연 그건 어떤 기술일까? 그 기술은 경청이라고 불린다. 그렇다. 경청은 우리의 귀, 그리고 뇌로 하는 일이다.

경청하는 법, 진정으로 경청하는 법을 배워라. 그러면 곧바로 흥미로운 사람으로 탈바꿈할 것이다. 경청을 통해 여러분이 상대방에게 흥미가 있다는 사실을 보여주기 때문이다.

경청의 형태는 다양하다. 잠시 살펴보자.

왜곡된 경청

이것은 자신이 듣고 싶은 말만 듣는 경청이다. 이런 사람들은 일반적으로 이미 가지고 있는 자신의 왜곡된 의견 때문에 상대방의 말을 오해한다.

오만한 경청

누구에게나 이런 태도로 경청한 적이 있을 것이다. 그러고는 죄책감을 느낀 사람도 있을 것이다. 오만한 경청은 상대방의 말에 '나는 그걸 이미 알아. 당신보다 더 잘 알고 있지'라는 태도로 반응한다. 사실 경청이 아니라 채점을 하는 것이다.

선택적 경청

선택적 경청은 특정한 사실만 받아들이고 나머지는 무시한다. 그들은 듣고 싶은 말만 듣고 나머지 말에는 거의 주의를 기울이지 않는다.

산만한 경청

산만한 혹은 분리된 경청은 상대방이 말하는 내용을 100퍼센트 귀 기울여 듣지 않는다. 상대방의 말에 전념하지 못하고 다른 요소 때문에 주의가 산만해져서 짜증스러워한다. 상대방에게 흥미가 없다는 명백한 신호를 보내는 것이다. 이는 다른 곳에 있거나 다른 사람과 말하는 것이나 다름없다. 불쾌한 일이다.

중단된 경청

중단된 경청이란 듣는 사람이 다른 주제에 대해 이야기하고 싶어서 대화를 중단시키고 대화의 방향을 바꿀 기회를 찾는 경우다.

더욱 모욕적인 사실은 그들이 꽤 자주 상대방의 사고방식과 문장을 마무리할 방법까지 대신 결정한다는 점이다. 그래서 그들은 상대방의 말을 끊고 대신 문장을 마무리해주는 호의를 베푼다. 매우 고마운 일이다.

공격적인 경청

이는 매우 짜증스럽다. 공격적으로 듣는 사람은 과도한 보디랭귀지와 표정을 이용해 자신이 경청하고 있다는 메시지를 전달한다.

문제는 상대방의 말을 듣지 않는다는 사실이다. 여러분은 이렇게 소리치고 싶다. "계속 이렇게 손을 움직이거나 고개를 끄덕이면서 당신이 듣고 있다는 사실을 보여주려고 애쓰지 말고 그냥 가만히 앉아 내 눈을 보고 제대로 들으세요."

공격적인 경청의 변형인 논쟁적인 경청도 있다. 이런 식으로 경청하는 사람은 단지 상대방의 말에 이의를 제기하고 싶은 마음에 귀를 기울인다.

부분적인 경청

이는 대다수 사람들에게서 흔히 볼 수 있는 경청 유형이다. 우리는 선의를 품고 상대방의 말에 귀를 기울이지만 이내 산만해진다. 불쑥 떠오르는 생각이나 상대방이 말한 내용 때문에 산만해질 수 있다. 대화에 다시 참여해서 올바른 태도로 경청할 무렵이면 이미 이야기의 실마리를 잃어버렸을 것이다.

완벽한 경청

이는 상대방의 말에 매우 세심하고 신중하게 주의를 기울이는 경청이다. 그들은 또한 말하는 사람과 그들이 전달하려는 내용을 이해하기 위해 세심하게 노력한다.

대화를 마칠 무렵, 듣는 사람이 내용을 정확히 이해했다는 사실에 대해 말하는 사람이 동의할 수 있어야 한다.

완벽한 경청을 하려면 집중력과 이해의 기술이 필요하다.

적극적인 경청

이것이 바로 진정한 경청이며 효과적인 경청이다. 적극적인 경청은 관계와 이해, 신뢰를 형성한다. 다음은 적극적인 청자가 되는 여섯 가지 방법이다.

- 대접받고 싶은 대로 상대방을 대접한다.
- 상대에게 완벽하고 온전하게 주의를 기울인다.

- 모든 말에 귀를 기울인다.
- 적절한 언어적, 비언어적 반응으로 여러분이 듣고 있다는 사실을 전달한다('정말 환상적이군요'라는 식의 어설픈 연기는 삼간다).
- 신중하게 생각한 피드백을 솔직하게 전달한다.
- 두 사람 모두 상대방을 이해하고 서로의 의견을 존중한다는 사실을 보여준다.

적극적인 경청이란 상대방의 말에 진정으로 관심을 기울이고 들은 내용을 토대로 자연스럽게 우리의 의견을 전달하는 것이다.

이로써 우리가 상대방이 '어떤 사람'이며 '무슨 말을 하려는지'에 관심이 있다는 뜻을 전한다. 아울러 우리가 그들을 존중하고 그들의 말을 흥미롭게 생각한다는 뜻을 전한다.

최대한 적극적으로 경청하고 다른 경청 유형을 멀리하라. ?

나는 브래드를 사랑해. 그는 무척 적극적으로 경청하거든.

상대방에게 온전히 주의를 기울이는 것
= 그들에게 흥미를 가지는 것
= 흥미로운 사람이 되는 것

누구나 이용할 수 있는 간단한 등식이지만 이용하지 않는 사람이 많다.

누군가의 말을 경청하지 않는 것은 그를 무시하는 것만큼이나 나쁜 일이다. 누군가가 우리를 무시한다면 그를 흥미로운 사람이라고 생각할 리 만무하다. 오히려 짜증스럽고 무식하고 무례한 사람이라고 생각할 것이다.

우리는 우리를 무시하는 사람에 대해서 궁금해 하지 않는다.

그런 사람에게 매료되거나 끌리지 않는다. 경청도 마찬가지다. 적절하게 자주 경청하라. 그러면 흥미로운 사람이 될 것이다.

경청은 누구나 익힐 수 있는 기술이다. 그런 한편 자칫하면 과거의 나쁜 습관으로 돌아가기도 쉽다. 한참 말하고 있는 상대방의 말을 중간에서 끊어 본 경험은 누구에게나 있을 것이다. 우리를 포함해 거의 모든 사람이 한 번쯤은 그랬을 것이다.

더욱 훌륭한 청자가 되기 위해 노력하라. 그러면 여러분의 영향력과 설득력이 향상되고 아울러 더욱 흥미로운 사람이 될 것이다.

명심하라. 흥미로운 사람은 다른 사람과 그들의 이야기에 흥미를 가진다.

이렇게 표현할 수도 있다. 쿠엔틴 타란티노Quentin Tarantino 감독의 〈펄프 픽션Pulp Fiction〉을 보면 미아 월리스우마 서먼는 처음으로 빈센트 베가존 트라볼타를 만난 자리에서 다음과 같이 말했다.

"귀담아 듣고 있나요, 아니면 말할 기회를 기다리나요?"

"듣기 좋은 말을
할 수 없다면 차라리
아무 말도 하지마라."

영화 〈밤비Bambi〉에서

어린 토끼 텀퍼Thumper가 전한 아버지의 조언

실내 장면. 연구실. 낮

데이브와 마크 검토 진행

마크

난 경청 유형에 관한 대목을 볼 때마다 죄책감이 든다네.

데이브

어째서?

마크

항상 정말 제대로 사람들의 말을 경청하지는 않으니까 말일세.

데이브

대부분 그렇지.

마크

그래도 그래서는 안 되지. 게다가 이따금 내 의견을 말하고 싶은 마음에 다른 사람의 말을 끊기도 한다네. 사람들이 내게 그러면 싫어하면서 내가 그러다니 참 멍청한 짓이야.

데이브

자네는 적어도 자신을 알고는 있군. 그런데 더 나빠질 수도 있다네. 정말 짜증 나는 일도 있고. 이를 테면…

마크

상대방 대신 결론을 내리는 거?

데이브

바로 그거야.

예의가 중요하다

다른 사람의 말을 적절히 경청한다면 이는 예의바른 행동이다. 흥미로운 사람이 되고 싶을 때 예의가 중요할까? 물론 그렇다.

어느 문화권이든 지금껏 일련의 예의를 규정하고 다른 사람을 대하는 행동의 규칙을 수용했다. 예의는 우리의 일상적인 행동을 관리하고 주변 사람들과의 상호작용과 커뮤니케이션을 최대한 활용하도록 돕는다.

예의를 차린다는 것은 다른 사람을 존중한다는 뜻이다. 만일 우리가 상대방을 존중하지 않는다면 상대방도 우리를 존중하지 않을 것이다. 존중하지 않는 사람은 흥미로워질 수 없다.

흥미로운 사람이 되려면 사람들과 의사소통하고 상호작용하며 관계를 맺을 수 있어야 한다. 무례하고 건방지며 촌스럽고 예의를 모른다면 의사소통하거나 관계를 맺지 못할 것이다.

영국의 철학자, 정치가, 작가인 프랜시스 베이컨Francis Bacon은 『학문의 진보The Advancement of Learning』에서 예의를 다음과 같이 정의했다.

> "우리와 다른 사람들의 품위를 똑같이 존중하고 이 균형을 유지할 때 예법과 예의가 완성되는 것처럼 보인다."

만약 예의가 인간을 인간답게 만든다면 인간을 흥미롭게 만드는 데도 도움이 될 것이다.

"우리와 다른 사람들의 품위를 똑같이 존중하고 이 균형을 유지할 때 예법과 예의가 완성되는 것처럼 보인다."

만일 예의가 인간을 인간답게 만든다면 인간을 흥미롭게 만드는 데도 도움이 될 것이다.

리더십 전문가 크리스 휩Chris Whipp 소령은 기업의 한 고위 관리자에게 리더십 기술을 가르치던 때의 경험담을 내게 전했다. 고위 관리자가 리더십 기술을 제대로 이해하지 못하자 크리스는 수업을 잠시 멈추고 창문 밖에 보이는 한 여인을 가리켰다. 그러고는 다음과 같이 말했다. "저 여인에 대해 말해보세요." 그러자 사나이는 이렇게 되물었다. "무슨 말씀입니까?" 크리스는 다시 물었다. "저 여인에게 아이가 있나요? 아이들의 이름은 뭔가요? 그녀가 몰고 다니는 차는 뭡니까? 휴가를 어디로 가나요?" 사나이는 "모른다"고 대답했다. 크리스는 "왜 모릅니까?"라고 물었다. 사나이의 대답은 다음과 같았다. "관심이 없으니까요." 무척 실망한 크리스는 이렇게 말했다. "그렇다면 당신은 계속 관리자에 머물 겁니다. 리더가 될 수 없어요."

– 데이브

"리더의 가장 중요한 한 가지 특성은 지지자들과 상호작용하는 방식이다. 관리자와는 달리 리더가 갖춘 지배적인 장점은 팀원들을 발전시키고 그들이 자신의 잠재력을 깨닫도록 격려하는 능력이다. 리더는 팀원들을 파악하고 그들의 동인, 장단점, 꿈과 소망, 가치관과 신념을 이해함으로써 긍정적인 영향을 미칠 수 있다. 팀원들이 한 인격체라는 사실을 인식하고 그들에게 공동의 목적을 제시함으로써 발전하고 성공할 수 있는 환경을 조성한다. 이때 리더는 어떤 방법을 쓸까? 간단히 말해서 그들은 질문하고 대화를 나누며 무엇보다 경청한다. 사람들이 리더에게 흥미를 느끼는 진정한 이유는 리더가 사람들에게 흥미를 느끼기 때문이다."

– 크리스 휩 소령

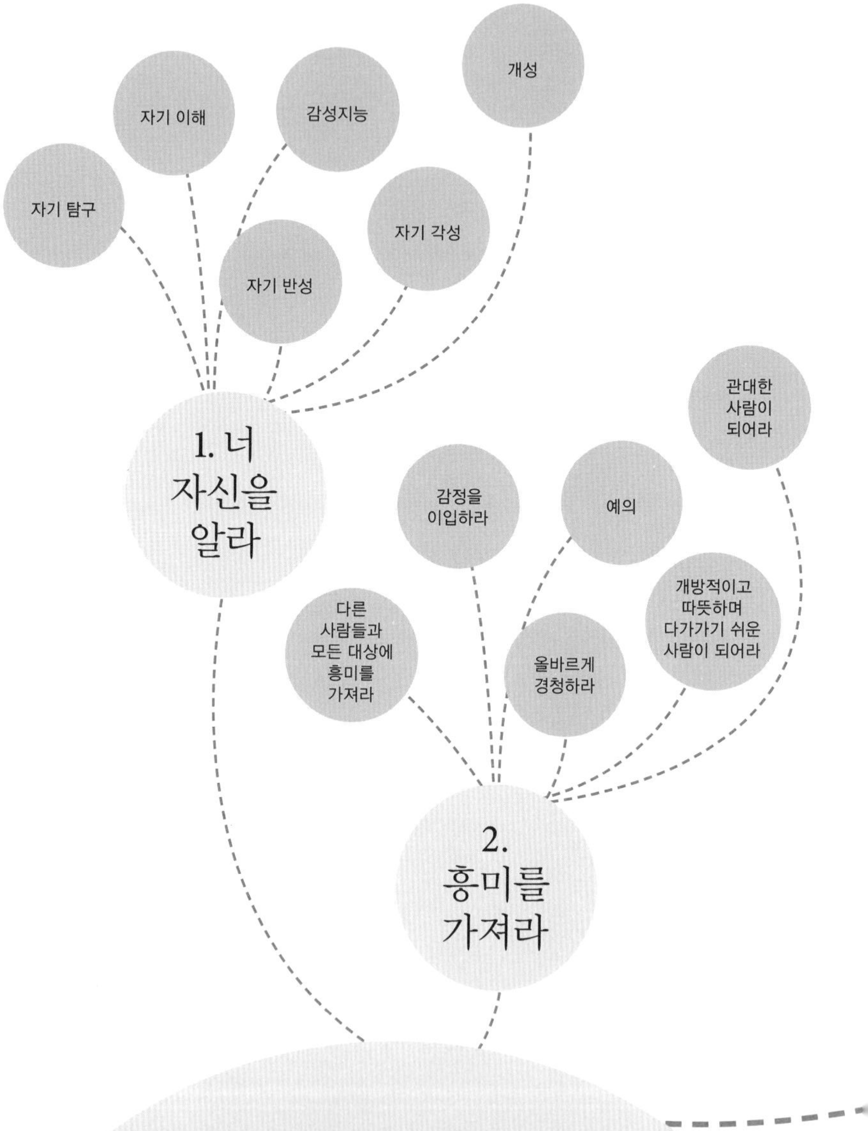

흥미로운 사람은 뭐가 다를까

3. 호기심을 가져라

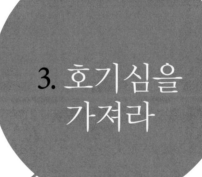

먼저 생각해야 할 몇 가지 질문

여러모로 고려해볼 때 컴퓨터 키보드에서 가장 중요한 부호는 무엇일까?

몇 가지 단서를 제시하겠다. 글자인가? 아니다.

숫자인가? 아니다.

구두점인가? 그렇다. 무엇인지 알겠는가?

단서가 더 필요한가? 이 페이지에서도 그 부호가 몇 번 사용되었다.

그렇군, 맞아, 그것은… 물음표다. 물음표?

누가? 무엇을? 어디서? 언제? 왜 그리고 어떻게? 물음표가 없다면 질문을 완성하지 못할 것이다.

"창의성은 중요한 동인이다. 사람들이 자신의 일에 흥미를 가지도록 만들기 때문이다. 창의력은 가치 있는 개념을 발견할 것이라는 희망을 준다. 창의력은 모든 사람이 무언가를 성취할 것이라는 가능성을 제시한다. 창의력은 삶을 더욱 재미있고 흥미롭게 만든다."

– 에드워드 드 보노Edward de Bono

창의적인 정신은 질문으로 구성된다.

물음표가 왜 그리 중요할까?

그것은 바로 인간에게는 호기심이 있기 때문이다. 우리는 질문하기를 좋아한다. 왜 그럴까? 언제나 해답을 찾기 때문이다.

왜 달은 지구를 공전할까?

왜 어떤 나무는 가을이면 낙엽이 질까?

왜 우리는 웃고 우는가?

더 많이 질문할수록 더 많은 해답을 얻을 것이다. 해답을 더 많이 얻을수록 더 많이 알게 될 것이다. 그렇게 얻은 지식은 우리를 흥미롭게 만든다.

재미삼아 말하자면 물음표의 옛말은 eroteme다.

그렇다면 왜 질문과 호기심이 창의력과 밀접한 관계가 있을까?

창의력은 누군가를 흥미로운 사람으로 변화시키는, 인류의 가장 강력한 힘으로 손꼽힌다.

광고계의 전설이자 수많은 훌륭한 광고의 크리에이티브 디렉터, 그리고 『창의적인 장난Creative Mischief』의 작가인 데이브 트로트Dave Trott는 그렇게 생각했다.

창의적인 정신은 탐구 정신이다.
나는 최근 과학박물관에서 열린 한 담화에 참석했다.

스티븐 호킹Stephen Hawking, 제임스 다이슨James Dyson, 로버트 윈스턴Robert Winston, 그리고 리처드 도킨스Richard Dawkins가 참석했다.

우리가 너무나 잘 알고 있는 똑똑한 사람이거나 천재인 네 사람이었다.

무엇보다 나는 이 똑똑한 사람들이 대화를 나누면서 어린 소년으로 바뀌었다는 사실이 무척 좋았다. 그들은 재미와 장난기, 그리고 세상에 관한 질문을 하고자 하는 열정으로 가득했다.

주변 환경에 대해 최대한 많은 것을 발견하려는 열정으로 가득했다.

사물의 원리에 대해 그들이 발견한 사실을 공유하고픈 마음이 간절했다.

질문과 흥분이 넘쳐흘렀다.

제임스 다이슨은 프랭크 휘틀Frank Whittle이 제2차 세계대전이 일어나기 전에 제트 엔진을 발명한 사연을 전했다.

당시 정부가 그의 말을 귀담아 들었다면 영국 전투에서 독일 공군과 맞서 싸울 제트 비행기가 탄생했을 것이다.

로버트 윈스턴은 의학계의 영웅에 대해 이야기했다.

1780년 무렵 크기가 사람 머리의 두 배나 되는 종양을 제거한 사람은 누구일까?

마취제를 쓰지 않았고 변형도 일어나지 않았다.

성형수술이 등장하기 거의 200년 전의 일이었다.

리처드 도킨스는 다윈과 같은 시기에 자연도태를 발견한 사람에 대해 이야기했다.

그 사람은 겸손하게 다윈에게 모든 공을 돌렸다.

이 사람들의 이야기는 무척 흥미로웠다. 자신의 일을 사랑하는 사람들이기 때문이다.

과학, 화학, 그리고 생물학과 같은 무미건조하고 지루한 학문적 주제에 생기가 넘쳤다.

나는 그들에게 공통점이 있다는 사실을 발견했다.

그들은 하나같이 탐구정신을 가지고 있었다.

이들은 단순히 네 명의 매우 똑똑한 사람이 아니었다.

134

네 명의 창의적인 사람이었다.

사람들을 창의적으로 만드는 요소는 바로 이것이다.

탐구정신.

드 보노가 말했듯이 "그저 스타일리스트에 불과한데도 창의적이라고 자처하는 사람들이 많다."

창의적인 사람과 스타일리스트를 구분하는 요소는 탐구정신이다.

창의적인 사람은 기존의 해결책을 고치거나 변화시키려는 한편, '왜 꼭 그런 식이어야 하는가?'라는 의문을 제기한다.

질문에 질문하는 사람이다.

문장 끝에 있는 '?'를 가장 중요한 부분으로 생각하는 사람이다.

나는 그 에너지와 부산스러움, 활력과 생명력이 무척 마음에 들었다.

발견의 느낌이 좋았다.

그들은 다른 사람들이 이미 한 일을 고치거나 약간 개선하려고 노력하는 데 그치지 않는다.

지금 진행되고 있는 일의 토대에 의문을 제기한다.

반드시 그런 식이어야 할 필요가 없다는 사실을 깨닫는다.

통념을 뒤집는 전율.

새로운 방식의 발견.

다른 사람들이 찾지 못한 방식.

혹은 모든 사람이 통하지 않을 것이라고 말한 방식.

이것이 바로 진정한 창의력이다.

이 네 명의 과학자/발명가/철학자들은 불꽃처럼 타오르는 창의력의 소유자였다.

그들은 창의적인 사람이 물어야 할 말을 물었다.

'왜?'

흥미로운 사람들은 흥미로운 질문을 한다

인간의 한 가지 조건은 호기심이다. 누가? 무엇을? 언제? 어디서? 왜? 어떻게? 이런 질문에 무언가를 덧붙이면 무한대의 질문이 탄생한다. 이런 관점에서 생각하면 상황과 대화, 그리고 사람들이 더욱 흥미로워진다.

"호기심을 가지면 해야 할 흥미로운 일이 보인다."

– 월트 디즈니Walt Disney

흥미로운 사람들은 흥미로운 질문을 한다. 하지만 어떤 종류의 질문이 흥미로운가? 흥미로운 사람들은 다른 사람과 자신에 대해 질문한다. 흥미로운 사람들은 질문하고 해답을 찾는다.

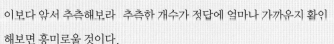

하루에 몇 가지 질문을 하는지 세어보라.

이보다 앞서 추측해보라. 추측한 개수가 정답에 얼마나 가까운지 확인해보면 흥미로울 것이다.

누가? 무엇을? 언제? 어디서? 왜? 어떻게?

누가

나는 누구인가? 나는 어떤 사람이 되고 싶은가? 사람들은 나를 어떤 사람이라고 생각하는가? 누가 나를 사랑하는가? 누가 나를 흥미로운 사람이라고 생각하는가? 나는 누구를 좋아하는가? 누구에게 신경을 쓰는가? 누구에게 마음이 끌리는가? 누구를 흥미롭다고 생각하는가?

무엇을

나는 무엇을 생각하는가? 무엇을 아는가? 무엇이 내게 중요한가? 내 의견은 무엇인가? 무엇이 나를 슬프게 만드는가? 무엇이 나를 웃게 만드는가? 무엇이 내 호기심을 자극하는가? 나는 무엇을 믿는가? 무엇에 흥미가 있는가?

언제

생각하기에 가장 좋은 때는 언제인가? 언제 기분이 좋았는가? 언제 다른 사람을 생각했는가? 언제 불행했는가? 최근에 웃은 적은 언제였는가? 최근에 운 적은 언제였는가? 언제가 가장 좋은가?

어디서

나는 어디 출신인가? 어디에 속해 있는가? 어디로 가고 있는가? 어디에 있고 싶은가? 직장에서 어떤 위치에 있고 싶은가? 이 관계에서 우리는 어디쯤에 있는가? 지금은 어디에 있는가?

왜

나는 왜 그렇게 생각하는가? 왜 그렇게 말했는가? 왜 그렇게 행동했는가? 왜 이렇게 느끼는가? 왜 계속하지 않는가? 왜 신경 쓰는가? 왜 더 관심을 기울이지 않는가? 왜……, 대체, 왜, 대체, 왜?

어떻게

어떻게 지내는가? 나는 그것에 대해 어떻게 느끼는가? 일이 어떻게 진행되었다고 생각하는가? 나는 어떻게 보이는가? 어떻게 하면 더욱 유능해질 수 있을까? 어떻게 그들의 관심을 끌 수 있을까? 어떻게 더 흥미로운 사람이 될까?

두서없어 보일지 모르지만 이들은 인생의 어느 시점에서 한 번쯤 자문해야 할 질문이다. 끊임없이 질문하지 않으면 흥미로운 사람이 되기는 어렵다.

흥미로운 지원자가 되는 법

취업 면접의 핵심은 질문이다. 하지만 면접관에게 일방적으로 질문할 권리를 준다면 어떤 성과도 거둘 수 없을 것이다.

면접 과정의 핵심은 지원자가 어떤 사람인지 그리고 과연 흥미로운 사람인지를 판단하는 일이다. 면접 대상자 두 명의 자격 조건이 동일하다면 더 흥미로워 보이는 사람이 언제나 일자리를 얻을 것이다.

현명한 면접 대상자라면 면접관의 질문에 답변만 하지는 않을 것이다. 흥미를 가지고 질문할 것이다. 질문하지 않으면 애써 일자리를 얻고픈 마음이 없다는 부정적인 메시지를 전할 수 있다.

회사의 경우 업무 수행 능력을 갖추었다는 이유만으로 누군가에게 일자리를 제공하는 일은 극히 드물다. 우리가 마음에 드는 사람을 선택하고 그 사람을 좋아한다는 것은 그를 흥미롭게 여긴다는 뜻이다. 흥미로운 사람일수록 고용될 가능성이 더 크다.

흥미로운 일자리에 흥미로운 사람을 배정하기

거대 채용 기업인 리드Reed의 회장 제임스 리드James Reed는 흥미로운 사람에 관한 한 일가견이 있다. 제임스는 흥미로운 일자리에 흥미로운 사람을 배정하는 전문 기업을 설립했다.

여러분은 제임스 리드 같은 사람이라면 더블 딥 경제 침체기의 고용 상황에 대해 다소 우울한 전망을 제시할 것이라고 생각할 것이다. 하지만 그는 어려운 시기일수록 사람들이 오히려 어려운 상황 때문에 재치 넘치고 창의적이며 혁신적이고 흥미로워질 수 있다고 굳게 믿었다.

물론 그는 5년 후에 입사지원자에게 어떤 기술을 요구할지 알 수 없지만 조직이 어떤 사람을 채용하고 싶어 하는지는 알고 있다. 바로 '호기심, 에너지, 활력, 성실함'을 갖춘 사람들이다. 리드는 이 과정을 올바르게 이해하기 위해 폴 스톨츠Paul Stoltz 박사와 함께 면접의 새로운 평가 및 확인 지표인 3G 마인드세트3G Mindset를 만들었다. 제임스는 이 마인드세트를 기술만큼이나 중요하게 여긴다. 리드에 따르면 고용시장에서 지원자들은 흥미로운 사람처럼 보여야 한다. 고용주들이 원하는 직원은 비즈니스 문제를 다른 각도로 볼 수 있는 탐구정신을 가진 사람, 혹은 함께 근무하면 즐겁고 유익한 사람이다.

리드는 변화를 수용하는 사람으로, 새로운 발전과 사고를 끊임없이 모색한다. 그는 다음과 같이 말했다. "흥미로운 곳으로 향하는 버스라면 나는 그 버스를 타고 싶다. 집으로 걸어가게 될까 봐 걱정스럽다!"

회의

회의는 인간의 상호작용을 구성하는 매력적인 한 가지 요소다. 회의에서는 온갖 종류의 새롭고 창의적인 아이디어를 제시할 수 있다. 문제를 해결할 수 있으며, 초점의 방향을 조정할 수 있다. 비즈니스의 방향을 바꾸고 더 큰 성공을 거둘 수 있다.

그런 한편 회의가 부정적인 영향을 끼칠 수도 있다. 이를 테면 회의는 경쟁자를 채점하는 기회가 될 수 있다. 공식적인 의제에서 벗어나는 다양한 의제가 난무하기도 하며, 이따금 마지못해 회의에 참석하는 사람들도 있다. 회의를 지배하려고 애쓰는 사람들이 있을 수 있으며, 뒤로 물러나 아무 말도 하지 않는 사람들도 있다. 누군가는 회의를 강요하고 방해할 수 있다.

뿐만 아니라 회의가 혼란의 절대적인 지뢰밭으로 전락할 수 있는 한편, 유쾌한 분위기에서 새로운 지혜를 얻을 수도 있다.

어디로 향하는지 모를 때 우리는 대개 난감해한다. 회의에서 흥미로운 사람이 되려면 어떻게 해야 할까? 이는 결코 쉽지 않은 문제다. 되도록 철저히 준비하고 회의를 긍정적인 변화의 기회로 보는 것이 최선의 방책일 것이다. 회의에서 지나치게 말이 많은 사람이 있다. 이런 사람들은 흥미로운 이야깃거리가 있을 다른 사람들의 발분을 막아버릴 수 있다.

회의에 참석해서 한마디도 하지 않고 가만히 앉아 경청만 하는 사람들을 흔히 볼 수 있다. 하지만 이들이 흥미롭지 않거나 흥미가 없는 사람이라는 섣부른 판단은 금물이다. 모든 정보를 완벽하게 흡수해 흥미롭고 생산적인 방식으로 소화시키고 이용할지 누가 알겠는가. 시간이 흐른 뒤에야 비로소 그들이 회의에 어떤 공헌을 했는지 드러날 수도 있다.

회의에 흥미를 느끼려면 마음을 열고, 준비를 하고, 유쾌한 모습을 보이며 집중해야 하는가?

주는 사람이 받는 사람보다 한층 흥미롭다

낯선 이들과 어울리고 그들의 관심을 끌 만큼 깊이 교류해야 하는 친목 행사를 두려워하는 사람들이 많다.

이런 행사에서는 우리의 참모습과 브랜드가 무척 중요하다. 아울러 다른 사람들의 스토리를 경청하는 능력 또한 중요하다. 흥미로운 사람은 그런 행사가 사실상 교환의 장소이며 그런 자리에서는 개인적인 정보를 최대한 공평하게 공유하는 것이 불문율이라는 사실을 알고 있다.

그렇다면 네트워크를 어느 정도 확대할 수 있을까? 개인적인 네트워크의 크기를 토대로 어떤 사람이 얼마나 흥미로운지를 판단할 수 있을까? 다음과 같은 말을 들어본 적이 있는가?

"그녀는 정말 흥미로운 사람이야. 모르는 사람이 없어!"

'모르는 사람이 없으면' 흥미로운 사람이 되는 것일까? 물론 누군가의 개인적인 네트워크 크기가 크다면 그 사람에게 관심 있는 사람이 많다는 뜻으로 해석할 수 있다. 그러나 이만큼 흥미로운 사람이 되려면 지속적으로 효과적인 네트워크를 형성해야 한다. 또 사람들과 의사소통을 하지 않으면 '모르는 사람이 없다'는 사실은 아무런 의미가 없다.

상대방의 흥미를 불러일으키는 가장 흥미롭고 생산적인 방법은 바로 개인적인 네트워크를 확대하는 것이다. 만일 우리가 사람들을 한데 묶는 매개체 역할을 한다면 사람들은 분명 우리의 개인 네트워크에 흥미를 느끼고 우리를 기억할 것이다.

주는 사람이 받는 사람보다 한층 흥미롭다. 이런 식으로 네트워크를 형성하면 많은 사람에게 깊은 인상을 심어주고 그들이 관계를 맺을 수 있도록 도울 수 있다. 이 얼마나 흥미로운 일인가!

랠프, 이쪽은 마이클이에요.
이 사람도 역시 따분하죠.

"배우 협회 카드를 받아야만 제대로 일할 수 있었던 안타까운 옛 시절에 나는 용케도 로열 스트랫퍼드 이스트 극장에서 〈잭과 콩나무〉에 등장하는 소의 하반신 역을 맡았다. 한편 우리 프로덕션에서 길을 따라 올라가면 나타나는 왓포드Watford의 팰리스 극장에서는 내 친구 콜린 웨이크필드Colin Wakefield가 〈잭과 콩나무〉의 소 하반신 역을 맡고 있었다. 「스테이지The Stage」 신문은 두 프로덕션을 비교하면서 '두 명의 잭 이야기A Tale of Two Jacks'라는 제목의 기사를 실었다. 이 기사는 상대 프로덕션의 소가 우리 소보다 더 흥미롭다고 생각했다. 그 소에게는 학사학위가 네 개나 있다는 이유 때문이었다. 소 발굽 하나마다 학위 한 개가 있는 셈이었다. 그런 이유로 흥미롭지 않은 소로 전락하고 두 마리 소가 참가한 경쟁에서 2등이 되다니 내가 참으로 모욕적이었다.

– 데이브

그것은 과학이 아니다. 비밀 공식 따위는 존재하지 않는다.

다른 것은 유익하다.

이따금 다른 방식으로 사물을 생각하면 유익하다.

이따금 다른 방식으로 일을 처리하면 유익하다.

다른 접근방식이란 사물을 보는 새롭고 신선한 방식을 의미한다.

이는 흥미로운 사람이 되는 데 도움이 된다.

맵으로 마음을 열어라

마인드 매핑은 어떤 주제나 테마에 대한 어떤 사람의 생각을 계획하는 매우 효과적인 방법이다. 영국의 심리 작가인 토니 부잔Tony Buzan이 '마인드 맵'이라는 표현을 처음으로 널리 알렸다.

마인드 맵이란 이미지나 문자를 이용한 그래픽 플랜으로, 해당 주제나 테마와 관련된 모든 요소를 결합해서 아이디어와 개념, 관계와 관련성, 그리고 흐름을 나타내는 다이어그램을 구성한다. 일반적으로 중앙에 있는 타원이나 원, 혹은 다른 모양을 출발점으로 삼으며 탐구할 개념이나 생각을 그

모양 안에 적는다.

여러분은 아마 이 책에서 우리가 마인드 맵을 만들고 있다는 사실을 이미 눈치 챘을 것이다. 우리는 지금껏 마인드 맵을 이용해 생각을 종합하고 정리했으며 아울러 흥미롭다는 개념의 의미를 담은 그림을 완성했다.

마인드 맵을 만드는 과정에 한 요소를 덧붙이면 즉시 다른 생각이 떠오르며, 그 결과 마인드 맵이 마치 유기체처럼 성장한다. 이따금씩은 마인드 맵이 저절로 성장하는 것처럼 보이기도 한다.

마인드 매핑을 이용하면 목록을 작성할 때에 비해 한눈에 알아보기가 쉽고 계층구조에 얽매이지 않을 수 있다. 뿐만 아니라 도형이나 선, 상징, 간단한 그림을 사용하기 때문에 더 많은 가닥의 개념과 생각을 유도하는 것은 물론이고 문제를 이해하기도 더 쉽다.

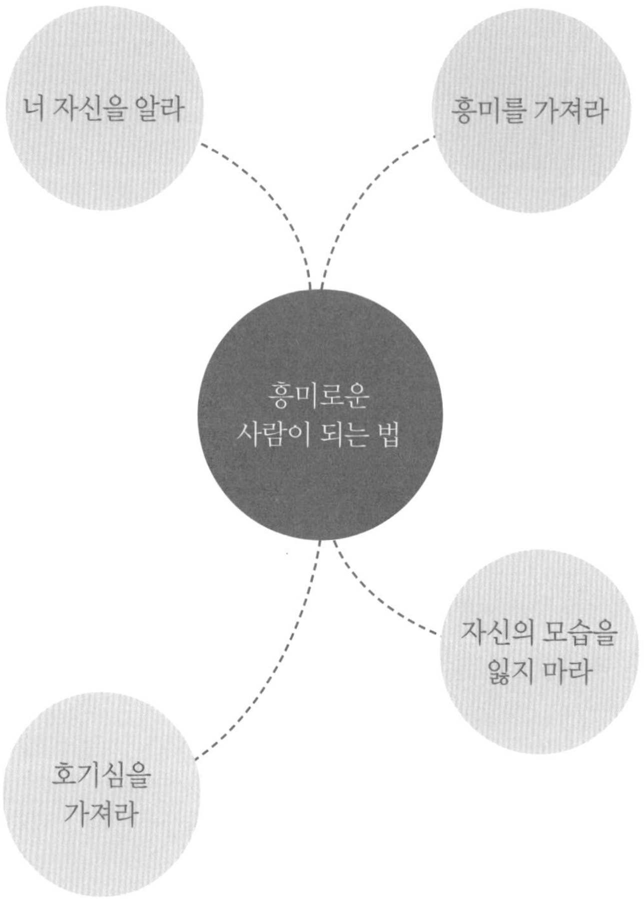
너 자신을 알라
흥미를 가져라
흥미로운 사람이 되는 법
자신의 모습을 잃지 마라
호기심을 가져라

다음 페이지는
의도적으로 비워두었다.
생각하는
공간이라고
생각하라.

많은 아이디어를 떠올리고 그 아이디어를 다른 사람들과 공유하라.

아이디어를 떠올려라.

실내 장면. 연구실. 낮

데이브와 마크가 책상에 앉아 있다.

데이브

그러니까 사람들이 실제로 더 많은 일을 할수록 더 흥미로운 사람이 될 가능성이 많다는 말이군. 우리가 하릴없이 그저 빈둥거리면 사람들이 우리를 흥미로운 사람이라고 생각할 가능성이 적다는 거지? 그런 뜻인가?

마크

그렇게 생각하네. 그래, 그렇게 말하다니 재미있군. 바로 어젯밤에 내가 소파에서 '쿨하게 쉬면서' 뒹굴었는데 말일세.

데이브

마크?! 지금 '쿨하게 쉰다'고 말했나?

마크

그렇다네.

데이브

자네가 '쿨하게 쉰다'는 단어를 쓰다니 믿을 수가 없군. 그건 성인이 입에 올릴 말이 아니잖나.

마크

(빙긋이 웃으며)

알고 말고. 그냥 자네가 어떻게 반응할지 보고 싶었을 뿐이네. 내가 아는 사람

중에 매일 새로운 단어를 배우고 싶어 하는 대학 교수가 있었지.

데이브

얼간인가?

마크

천만에. 정말 흥미로운 사람이었네. 그 사람이 가장 좋아하는 책은 사전이었어. 그가 사전에 대해 뭐라고 했을지 알아 맞춰보게나.

데이브

뭐라고 했나?

마크

"책치고는 스토리가 별로 없지만 시간이 갈수록 뜻하는 바를 명확히 전달한다."

언어를 탐구하라.
단어를 사랑하라.

우리가 사용하는 언어가 우리를 흥미롭게 만든다.

언어로 실험하고 언어를 가지고 놀아라.

"페트라 니Petra Ni는 유럽연합 통역사를 지냈고 현재 프로젝트 매니저로 일하고 있다. 핀란드어, 스웨덴어, 네덜란드어, 프랑스어, 영어 등 다양한 언어를 구사한다. 그녀는 다른 언어를 배우면 색다른 관점으로 세상을 볼 기회가 생기기 때문에 흥미로운 사람이 된다고 생각한다.

그녀의 말에 따르면 모든 언어는 제각기 다른 문화를 전달한다. 따라서 우리가 새로운 언어를 배우면 다른 나라 국민을 더욱 올바르게 이해할 뿐만 아니라 자국 문화를 더욱 깊이 이해할 수 있다.

800년경 샤를마뉴Charlemagne가 말했듯이 "제2의 언어를 구사하는 것은 제2의 영혼을 가지는 것이다." 이 말을 접했을 때 나는 다음과 같은 넬슨 만델라의 견해가 떠올랐다. 상대방에게 그가 이해하는 언어로 이야기하면 그것은 그의 머릿속으로 들어가는 것이고, 상대방에게 모국어로 이야기하면 그의 마음으로 들어가는 것이다."

– 마크

매일 새로운 단어를 익혀라

매일 새로운 단어를 익히면 쉽고 빠르게 흥미로운 사람이 될 수 있다. 우선 맛보기로 다음 주부터 다음 단어들을 익혀보라. 모르는 단어가 있으면 사전의 도움을 받는다. 모르는 단어가 전혀 없는가? 그렇다면 여러분은 대단히 존경스러운 사람이다.

Kleptocracy – 도둑 정부

Grue – 전율이나 떨림, 살이 스멀거리는 느낌

Quercine – 참나무의 특성이 있거나 참나무와 관련이 있는

Delenda – 삭제되거나 파괴된 물건들

Gardyloo – 에든버러에서 창문으로 물이나 구정물을 버릴 때 사용하는 경고성 고함

Maunder – 목적이나 일관성 없이 움직이거나 말하거나 행동하는 것

Mlit – 물고기의 정자

Twit – 임신한 금붕어*

---

* 이 단어는 황당무계한 소리로 널리 알려져 있다. 내 말이 의심스럽다면 인터넷에서 검색해보라. 우리가 알다시피 물고기는 알을 낳기 때문에 임신할 수 없다.

누군가에게 흥미를 느낄 때 우리는 그의 말을 경청하는 것은 물론이고 그의 입장에서 생각한다. 이런 감정 이입의 표현은 우리가 주의를 기울이고 있음을 상대방에게 전할 뿐만 아니라 감정적 반응을 발전시키고 확대하는 데 도움이 된다.

흥미로운 사람들이 책을 많이 읽는다는 사실은 그리 새삼스럽지 않다. 가상의 세계로 들어가 다른 관점으로 사물을 인식하는 경험은 시간을 보내는 가장 창의적인 방법으로 손꼽힌다. 물론 무척 재미있는 일이기도 하다.

영국 BBC는 2003년 빅 리드Big Read 도서 조사를 실시했는데* 이 조사에서 상위 30위를 차지한 책은 다음과 같다. 최근 자료는 아니지만 살펴볼 만한 가치가 충분히 있다. 이 가운데 어떤 책을 읽더라도 흥미로운 사람이 되는 데 도움이 될 것이다. 모두 읽은 사람이 있다면 선망의 대상이 될 것이다.

* 소설만 대상으로 투표를 실시하기 때문에 셰익스피어의 희곡은 조사에 포함되지 않았다.

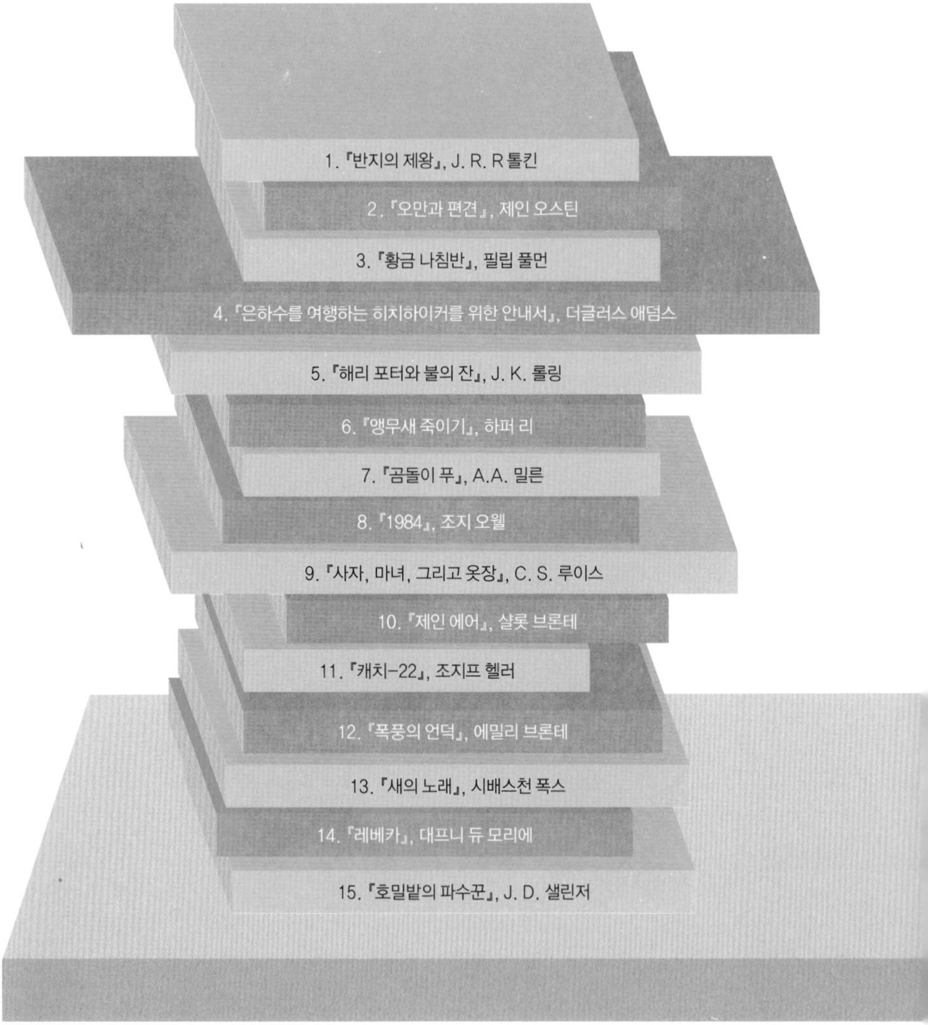
1. 『반지의 제왕』, J. R. R 톨킨
2. 『오만과 편견』, 제인 오스틴
3. 『황금 나침반』, 필립 풀먼
4. 『은하수를 여행하는 히치하이커를 위한 안내서』, 더글러스 애덤스
5. 『해리 포터와 불의 잔』, J. K. 롤링
6. 『앵무새 죽이기』, 하퍼 리
7. 『곰돌이 푸』, A.A. 밀른
8. 『1984』, 조지 오웰
9. 『사자, 마녀, 그리고 옷장』, C. S. 루이스
10. 『제인 에어』, 샬롯 브론테
11. 『캐치-22』, 조지프 헬러
12. 『폭풍의 언덕』, 에밀리 브론테
13. 『새의 노래』, 시배스천 폭스
14. 『레베카』, 대프니 듀 모리에
15. 『호밀밭의 파수꾼』, J. D. 샐린저

이 가운데 가장 좋아하는 책 다섯 권을 꼽아보라. ?

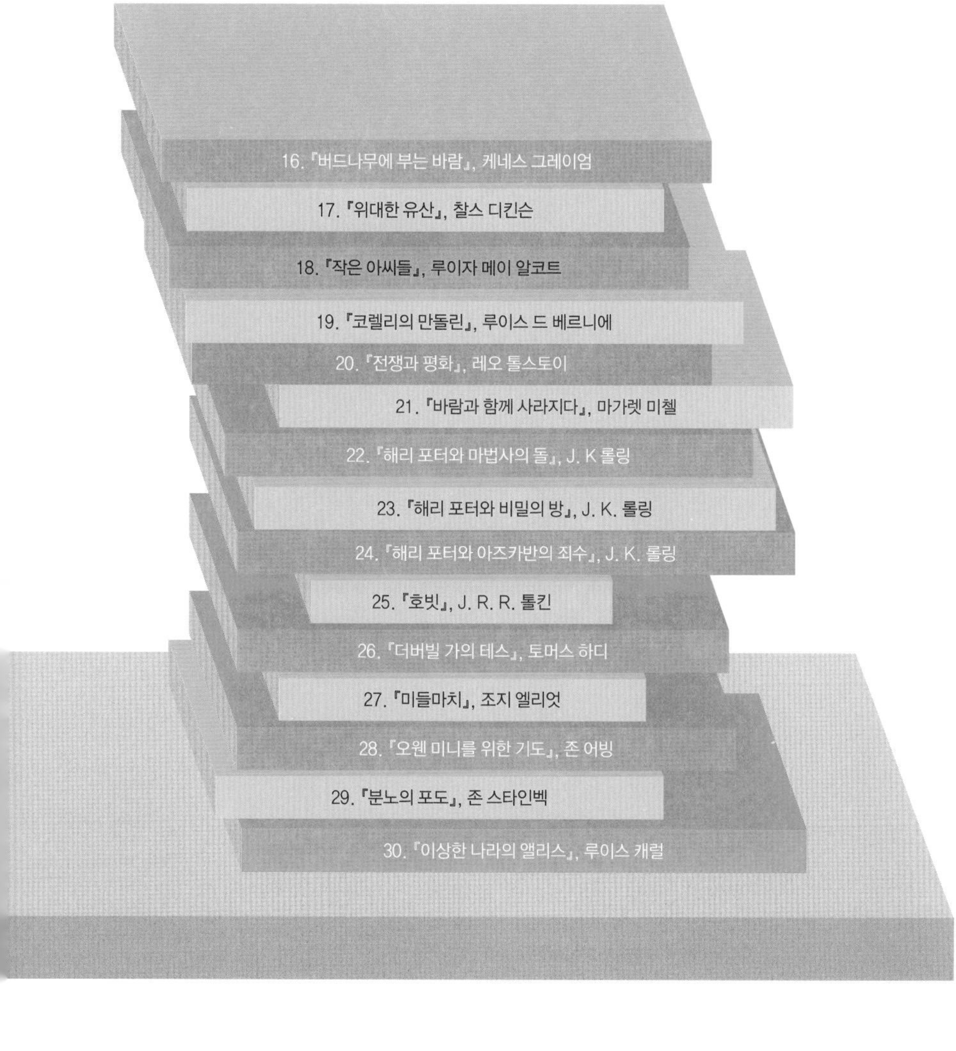
16. 『버드나무에 부는 바람』, 케네스 그레이엄
17. 『위대한 유산』, 찰스 디킨슨
18. 『작은 아씨들』, 루이자 메이 알코트
19. 『코렐리의 만돌린』, 루이스 드 베르니에
20. 『전쟁과 평화』, 레오 톨스토이
21. 『바람과 함께 사라지다』, 마가렛 미첼
22. 『해리 포터와 마법사의 돌』, J. K 롤링
23. 『해리 포터와 비밀의 방』, J. K. 롤링
24. 『해리 포터와 아즈카반의 죄수』, J. K. 롤링
25. 『호빗』, J. R. R. 톨킨
26. 『더버빌 가의 테스』, 토머스 하디
27. 『미들마치』, 조지 엘리엇
28. 『오웬 미니를 위한 기도』, 존 어빙
29. 『분노의 포도』, 존 스타인벡
30. 『이상한 나라의 앨리스』, 루이스 캐럴

관심사를 공유하면 공동의 장이 형성된다.

공통의 관심사가 있으면 사람들이 흥미를 느낀다.

그렇기 때문에 똑똑한 사람은 대화를 나눌 때 재빨리 공통 관심사를 찾는다.

공통 관심사는 정보를 공유할 효과적인 기회를 제공하며

나아가 서로에 대한 더 많은 정보와 다른 공통점을 발견하도록 돕는다.

텔레비전 토크쇼는 왜 흥미로운가

전 세계에서 텔레비전 이야기쇼나 토크쇼를 방송한다.

가장 인기 있는 쇼에서는 일반적으로 유명 인사인 초대 손님과 인터뷰를 한다. 이들은 대개 자신의 일과 사생활, 그리고 현재 홍보 중인 프로젝트에 대해 이야기한다.

미국 텔레비전에서는 제이 레노Jay Leno가 진행하는 〈투나잇 쇼〉와 〈데이비드 레터맨 쇼〉 같은 심야 토크쇼를 수년 동안 방영하고 있다. 유명 초대 손님과의 인터뷰, 콩트, 그리고 관객 참여라는, 효과가 검증된 공식은 확실한 성공의 비결이다.

시청자들은 이런 쇼를 꾸준히 시청한다. 초대 손님들을 흥미로운 사람이라고 여기고 그들에 대해 궁금해 하기 때문이다.

하지만 그런 한편 초대 손님 못지않게 흥미로운 진행자의 매력에 끌려 쇼를 시청하기도 한다. 사실 시청자들은 흔히 초대 손님보다는 진행자에게 관심이 더 많다.

테리 위건Terry Wogan, 데이비드 프로스트David Frost 경, 마이클 파킨슨Michael Parkinson 경, 조너선 로스Jonathan Ross와 그레이엄 노턴Graham Norton 같은 훌

륭한 토크쇼 진행자들은 힘들이지 않고 초대 손님을 편안하게 대하는 것처럼 보인다. 그들은 적절한 질문을 할뿐만 아니라 무엇보다 훌륭하게 경청한다.

〈그레이엄 노턴 쇼〉의 실행제작자로 그레이엄 노튼과 함께 소 텔레비전So Television을 설립한 그레이엄 스튜어트Graham Stuart는 무척 흥미로운 사람이다. 〈그레이엄 노턴 쇼〉는 2007년 BBC 2에서 첫 방송을 시작해 2009년 BBC 1으로 옮겼다. 2012년 시즌 12가 시작되었다. 노턴은 무수히 많은 유명 인사들과 인터뷰를 했다. 토리 에이모스Tori Amos, 질리언 앤더슨Gillian Anderson부터 로빈 윌리엄스, 일라이저 우드Elijah Wood, 캐머런 디아즈와 로드 스튜어트Rod Stewart부터 데임Dame(기사에 맞먹는 작위를 수여받은 여자의 존칭—옮긴이) 주디 덴치Judy Dench와 패트릭 스튜어트Patrick Stewart 경에 이르기까지 명실상부한 스타들이 그의 쇼에 초대 손님으로 출연했다.

그레이엄 스튜어트는 그레이엄 노턴과 쇼에 대해 다음과 같이 말한다.

"외람된 말이지만 쇼에 출연한 모든 초대 손님은 저마다 매우 흥미로운 사람들이다. 그들을 더 흥미로운 사람으로 만드는 사람은 바로 그레이엄이다. 그는 칼날처럼 예리한 감각을 가졌다. 경청하면서 초점을 바꿔 초대 손님과 관객을 함께 움직이는 그의 능력은 실로 놀랍다. 관객과 초대 손님 중 아무도 소외되지 않는다. 그레이엄은 토크쇼를 합주곡으로 만든다. 그레이엄과 같은 매우 재능 있는 사람들에게는 경청하고 흡수하고 신속하게 반응하는 능력이 있다."

다른 사람들에 대해 알고 싶다는 호기심

흥미로운 사람이 되는 법에 대해 몇 가지 지혜를 줄 수 있는 인기 라디오 토크쇼가 있다. 이 토크쇼는 단순한 라디오 프로그램이 아니라 국보라 할 수 있다.

〈무인도 디스크Desert Island Discs〉는 1942년 1월 29일 처음으로 방송되어 세계 최장수 라디오 프로그램으로 손꼽히게 되었다. 초대 진행자였던 로이 플럼리Roy Plomley가 기획한 프로그램으로 이후 1985년부터 1988년까지 마이클 파킨슨 경, 2006년까지 수 롤리Sue Lawley가 플럼리의 뒤를 이었다. 2006년부터는 커스티 영Kirsty Young이 진행을 맡고 있다.

이 프로그램에 대해 전혀 모르는 사람을 위해 밝히자면, 실제로 무인도에 살고 있어서 포맷이 무척 단순하다.

매주 표류당한 초대 손님이 무인도에 머무는 동안 가져갈 여덟 곡의 음악과 책 한 권, 사치품 하나를 선택한다.

초대 손님이 왜 그것을 선택했으며 그것이 자신의 인생에서 어떤 의미인지를 설명하는 동안 음악이 방송된다.

그렇다면 이 프로그램의 보편적인 매력은 무엇일까? 음악이 분명 중요한 역할을 하겠지만 흥미로운 대상으로 생각되는 사람들이 프로그램에 출연해 삶의 한 단면을 청취자들과 공유한다는 사실 또한 무시할 수 없다.

〈무인도 디스크〉가 장수하는 비결은 흥미로운 사람들에 대해 좀 더 깊이 알 수 있는 기회를 제공하기 때문이다. 반면 초대 손님이 그 프로그램에 출연하고 싶어 하는 이유는 앞서 말했듯이 사람은 누구나 자신에 대해 이야기하는 것을 좋아하기 때문이다. 자신의 이야기야말로 우리가 가장 잘 아는 주제다.

이 프로그램이 70주년을 맞았을 때까지 비틀스의 음악은 256회 선정되었다.

여러분이 〈무인도 디스크〉에 출연한다고 가정해보자. 어떤 음악과 사치품을 선택하겠는가? 이 문제, 특히 사치품을 신중하게 생각하라. 무인도에서는 무척 외로울 것이다. 그러니 무언가 흥미로운 것이어야 한다!

다음은 무작위로 뽑은 초대 손님이 선택한 책과 사치품이다. 그들이 선택한 음악을 살펴보기에는 공간이 부족했다. 직접 찾아보면 어떨까?

초대 손님 비비안 웨스트우드 **책** 마르셀 프루스트의 『잃어버린 시간을 찾아서』 **사치품** 다언어 사전
초대 손님 크리스 에반스 **책** 찰스 디킨슨의 『크리스마스 캐럴』 **사치품** 주문형 렌즈가 달린 수경
초대 손님 우피 골드버그 **책** 라이너 마리아 릴케의 『젊은 시인에게 보내는 편지』 **사치품** 와이즈 포테이토 칩
초대 손님 프랭크 워렌 **책** 로버트 루이스 스티븐슨의 『보물섬』 **사치품** 멀롯 포도나무
초대 손님 메리 포타스 **책** 페르시아 시인 겸 철학자 루미의 작품 **사치품** 그녀가 사랑하는 사람들에게 받은 다양한 향수 세트
초대 손님 드레이시 버셀 **책** 『오드리 헵번 자서전』 **사치품** 아이래시 컬러
초대 손님 브렌다 블레신 **책** 사전 **사치품** 노래방 기계
초대 손님 밥 겔도프 **책** 『사무엘 핍스 다이어리』 **사치품** 뉴욕의 메트로폴리탄 박물관
초대 손님 데이비드 프로스트 **책** 『런던 A-Z』 **사치품** 「선데이」 신문
초대 손님 조 브랜드 **책** 에드워드 기번의 『로마제국쇠망사』 **사치품** 교회 오르간
초대 손님 조지 클루니 **책** 레오 톨스토이의 『전쟁과 평화』 **사치품** 닻을 내린 요트
초대 손님 린 바버 **책** F. 스코트 제럴드의 『컴플리트』 **사치품** 청산가리 알약

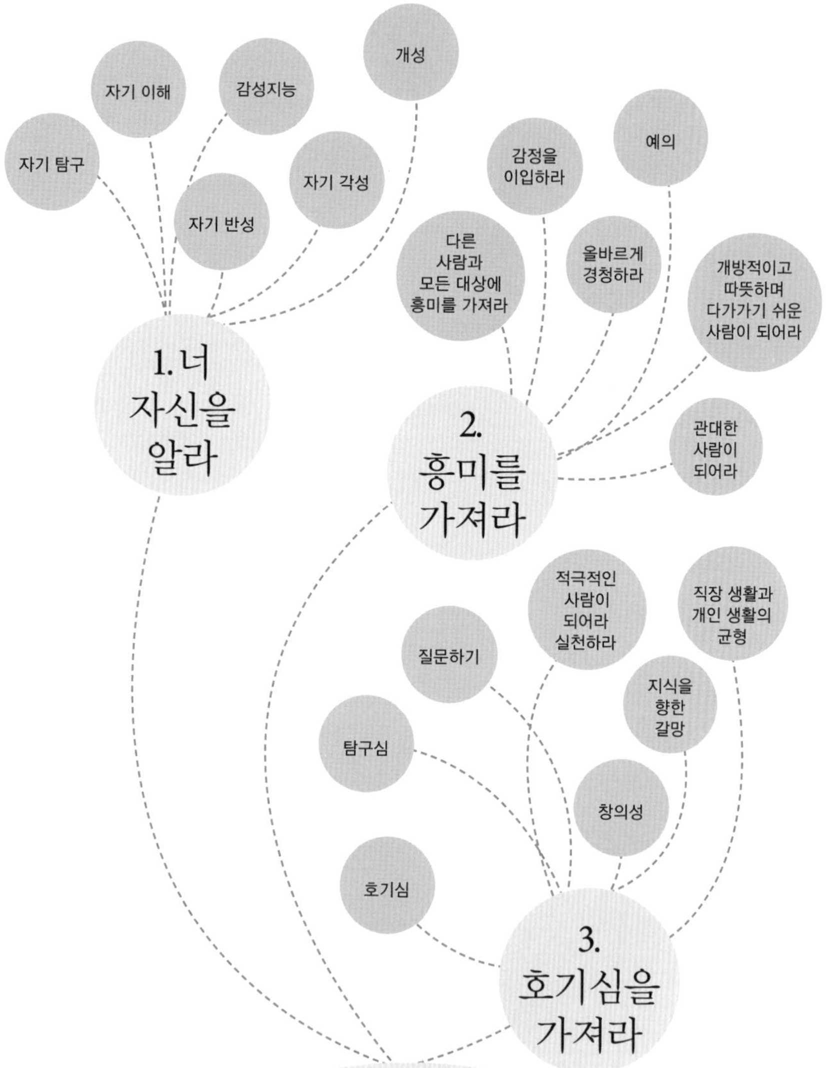
1. 너 자신을 알라
자기 탐구
자기 이해
감성지능
개성
자기 반성
자기 각성
2. 흥미를 가져라
다른 사람과 모든 대상에 흥미를 가져라
감정을 이입하라
예의
올바르게 경청하라
개방적이고 따뜻하며 다가가기 쉬운 사람이 되어라
관대한 사람이 되어라
3. 호기심을 가져라
적극적인 사람이 되어라 실천하라
직장 생활과 개인 생활의 균형
질문하기
지식을 향한 갈망
탐구심
창의성
호기심

흥미로운 사람은 뭐가 다를까

4. 자신의 모습을 잃지 마라

공인 사자 조련사 협회

The Institute of Chartered Lion Tamers

1880년 로열 차터(Royal Charter) 설립

취업 진로 카운슬러 콩트

텔레비전 프로그램인 〈몬티 파이튼 비행 서커스Monty Python's Flying Circus〉에서 '취업 진로 카운슬러'라는 제목의 콩트를 방송한 적이 있었다. 이 방송 때문에 회계는 따분하고 지루하다는 평판을 얻었다. 참고로 말하면 우리의 견해는 다르다.

앤초비(마이클 폴린 분) 씨가 취업 진로 카운슬러를 만나러 온다.

카운슬러(존 클리즈분)가 앤초비 씨에게 지난주에 치른 적성 검사 결과에서 그가 어떤 부류의 사람인지 정확히 파악했으며 공인회계사가 그에게 이상적인 직업이라는 사실을 확인했다고 알린다.

앤초비는 자신이 이미 공인회계사이며 지난 20년 동안 회계사로 일했다고 대답한다. 그는 새로운 직업(흥미진진한 직업)을 원한다고 설명한다.

카운슬러는 이렇게 묻는다. "공인회계사는 흥미진진하잖아요. 그렇지 않나요?"

앤초비는 이의를 제기하며 따분하고, 따분하고, 또 따분한 직업이라고 말한다.

카운슬러는 보고서를 보면서 앤초비 씨가 지극히 따분한 사람이며 따라서 공인회계사라는 직업이 그리 약점이 아님을 알 수 있다고 설명한다. 오히려 무척 유리하다고 말이다.

앤초비는 물러서지 않는다. 그는 새로운 직업을 원한다. 사자 조련사가 되고 싶다.

카운슬러는 공인회계사에서 사자 조련사로 전업하는 것은 다분히 파격적이라고 점잖게 경고한다. 대신 앤초비가 금융을 통해 사자 조련 분야로 진출해야 한다고 조언한다.

이 콩트는 유투브나 DVD로도 볼 수 있다.

그것은 흥미로운 직업이다

사람들은 흔히 다른 사람들의 됨됨이가 아니라 직업으로 그들을 판단한다. 사람이라면 누구나 이런 함정에 빠지기 쉽다.

사자 조련은 흥미로운 직업처럼 보이며 따라서 사자 조련사라면 틀림없이 흥미로운 사람일 것이다.

회계는 따분한 직업처럼 보이며 따라서 회계사는 틀림없이 따분할 것이다. 그러나 반드시 그렇지는 않다. 사실 전혀 그렇지 않다.

두 작가의 지인 중에는 회계와 금융 분야에 종사하지만 전혀 따분하지 않은 사람들이 많다. 그들은 유쾌하고 박식한 사람으로 함께 어울리면 즐겁고 매우 흥미롭다.

우리가 실제로 아는 사람 가운데 따분한 사자 조련사는 없다. 사실 사자 조련사와는 전혀 친분이 없다. 그러나 이른바 '흥미로운 직업'을 가졌지만 전

"진정한 지식이란 자신이 얼마나 무지한지 아는 것이다."

– 공자

혀 흥미롭지 않은 사람들을 알고 있다. 장담하건대 여러분도 마찬가지일 것이다.

어떤 직업을 가졌든, 혹은 직업이 있든 없든 상관없이 누구나 흥미로운 사람이 될 수 있다. 은퇴했다고 해서 더 이상 흥미로운 사람이 아닌 것은 아니다. 나이가 들면서 그들이 축적한 모든 지식과 지혜 덕분에 젊은 시절보다 더욱 흥미로워졌다고 주장할 수도 있을 터이다. 이 문제는 뒷부분에서 다시 살펴볼 것이다.

자기 본연의 모습으로 행복한 사람이 되어라

당신의 스토리는 무엇인가

진정으로 훌륭한 커뮤니케이터는 스토리가 커뮤니케이션의 핵심이라는 사실을 인정한다. 사람에게는 누구나 개인의 스토리가 있다. 우리의 스토리는 과거의 우리, 현재의 우리, 미래의 우리로 구성된다. 스토리는 인간의 핵심적인 조건이다.

우리는 어떤 종류의 스토리를 갖고 있는가? 모험, 스릴러, 애정, 비극, 희극, 동화, 미스터리? 아니면 이 모든 요소의 혼합체인가?

사람들은 어떻게 본인의 스토리를 전하는가

흥미로운 사람은 자기 스토리를 우리에게 강요하지 않는다. 대신 본인의 스토리로 우리를 자연스럽게 이끈다. 찰스 디킨슨은 이런 방법으로 그가 발행하는 정기 간행물의 독자들이 다음 호를 애타게 기다리도록 만들었다. 사람들은 멋진 경험을 할 수 있다고 기대하고 스토리가 전개되는 동안 퍼즐 조각을 맞춘다. 그러면서 뜻밖의 즐거움을 경험할 수 있다. 충격적인 사건이 될지도 모른다. 그렇지만 언제나 흥미로울 것이다.

"나는 신인시절 텔레비전에서 〈이스트엔더EastEnders〉의 던컨 부목사 역할을 맡은 적이 있다. 일 년 정도 정식 직장과 앨버트 광장에만 틀어박혀 있었다. 분장사, 카메라맨, 작가, 프로듀서, 엑스트라 등 이 쇼에 참여하는 모든 사람과 이야기를 나누는 것이 즐거웠다. 그때 내가 특히 흥미롭다고 생각했던 보조 연기자가 있었다. 그녀의 이름은 매기였다. 매기는 자신의 일을 무척 진지하게 생각했다. 배역이 주어지면 가족사까지 완벽한 캐릭터를 창조했다. 어느 날 젊은 신입 감독이 에피소드 한 편을 맡았다. 그때 우리는 광장에서 야외 촬영을 하던 중이었는데 특정한 장면에 보조 출연자의 연기가 필요했다. 감독은 매기를 불러서 이렇게 말했다. '당신이 이 장면 뒤편에 등장했으면 좋겠어요. 23번 계단을 걸어 올라가서 초인종을 누르세요. 문제없죠?' 그러자 매기는 '안 돼요'라고 대답했다. 신입 감독은 '안 된다니 무슨 말입니까?'라고 물었다. 매기의 대답은 이러했다. '그 남자와는 이미 오래전에 헤어졌거든요.' 그녀는 흥미로운 사람인가 아니면 사소한 것을 문제 삼는 사람인가?"

– 데이브

잠시 프레젠테이션에 대해 생각해보자

프레젠테이션의 핵심은 스토리와 스토리를 전달하는 방식이다. 어린 시절 '옛날 옛적에'라는 말을 들을 때면 우리는 이제 곧 모험이 시작된다고 기대했다. 흥미를 느꼈다. 그런데 이상하게도 어른이 되면서 비즈니스 프레젠테이션을 스토리로 만들면 안 된다고 생각하게 되었다.

"안 될 말이죠. 이것은 뼈아픈 진실과 확실한 정보를 전달하는 심각한 프레젠테이션이니 당신들은 똑바로 앉아서 귀담아 들어야 합니다."

꾸며낸 말이지만 언젠가 들어봤음직한 이야기일 것이다.

다음 말은 더 친숙할지도 모른다.

"나는 분석적인 세계에서 일합니다. 이야기나 하고 있을 시간이 없어요. 있는 그대로 전달해야 합니다."

이는 꾸며낸 말이 아니다.

커뮤니케이션의 모든 요소는 일종의 스토리이며 커뮤니케이션에는 숨겨진 이야기가 있다. 스토리는 혼돈에 질서를 선사한다. 폭넓은 견해를 제시한다. 스토리에는 주제와 분위기, 등장인물이 있다. 스토리는 감정을 불러일으킨다. 스토리는 우리를 생각하게 만든다.

프레젠테이션을 할 때는 그것이 어떤 종류의 이야기인지부터 결정하는 편이 현명하다. 이를 테면 '현재 금융계에는 공포 이야기가 난무하고 있다.' '고객을 잃었다가 계속 연락해서 되찾는 것은 분명 해피엔딩의 러브 스토리일 것이다' 등등으로 말이다. 프레젠테이션의 형태로 전달되는 주제들은 좀 더 친숙한 것들이 많다. 여기에서 한 가지는 확실하다. 메시지는 흥미롭고 인상적이어야 한다.

크리스토퍼 부커Christopher Booker의 '일곱 가지 기본 플롯The Seven Basic Plots'은 스토리로 정곡을 찌르는 유익한 방법을 전달하고 있다. 부커는 다음에 소개하는 것과 같은 일곱 가지 기본 플롯이 있다고 주장했다.

- 괴물 물리치기
- 원정
- 항해와 귀환
- 비극
- 희극
- 부활
- 신데렐라 스토리

금융계의 공포 이야기로 돌아가보자. 많은 재무 담당 이사들이 자신이 경험한 스토리의 소재는 무미건조하고 재미없을 뿐만 아니라 자신이 전달하는 내용은 나쁜 소식과 불쾌한 메시지뿐이라고 주장할 것이다.

다음은 이런 가엾은 회계사가 선택할 수 있는 프레젠테이션을 묘사한 한 가지 시나리오다.

회사의 성과가 그다지 희망적이지 않다. 사실 올해는 전혀 성장하지 못했다. 오히려 손해를 보았다. 하지만 터널 끝에 희망이 있을지도 모른다. 그에게는 상황을 바로잡을 수 있는 몇 가지 아이디어가 있다.

괴물 물리치기	죽을 각오를 해야 하는 상황을 설명한다.
원정	그것은 확실히 그런 상황이다.
항해와 귀환	여행을 떠나되 부디 돌아와야 한다.
비극	현실의 상황을 부인할 수 없다.
희극	이상야릇하고 아이러니하지만 웃어야 한다. 그렇지 않으면 울게 될 것이다.
부활	필요한 것은 바로 이것이다.
신데렐라 스토리	우리가 원하는 것은 바로 이것이다.

보라. 회계사는 본인이 생각하는 만큼 따분하지 않다.

훌륭한 배우들이 말하듯이
누군가 생각하는 모습을
지켜보는 것보다 더
흥미로운 일은 없다.

나의 프레젠테이션은 흥미로운가

우리의 행동이 평소와 약간 달라 보이는지, 그리고 사람들은 이런 우리 모습을 보고 앞으로 전달할 내용에 우리가 관심이 있다고 판단할지 자문해야 한다. 어쨌든 우리는 쇼에 출연했다. 평소에 입던 옷이나 일주일 내내 사무실에서 입던 옷과는 다른 옷을 입으면 효과가 있을 것이다. 외모에 주의를 기울이면 우리가 앞으로 전달할 내용이 중요하고 흥미로운 것임을 전달할 수 있다. 아울러 자신감도 생긴다.

우리는 마음속으로는 여전히 어린아이이며 스토리텔링에 대한 흥미를 결코 잃지 않는다. 스토리는 비즈니스나 사회, 가정의 상호작용을 흥미롭게 만든다.

프레젠테이션을 할 때 '과연 내가 흥미로운 사람으로 보일까'라고 자문해본 경험이 있을 것이다. 흥미로운 사람이 되는 가장 확실한 방법은 스토리를 정확히 파악하고 마음속에 품고 준비했던 것과 똑같은 정도의 열정과 열의를 보이며 스토리를 전달하는 것이다.

프레젠테이션의 핵심은 감정이 아닐까? 프레젠테이션에서 전달하고자 하는 내용과 우리가 느끼는 감정을 사람들에게 전달할 수 있을 때 그들의 흥미를 끌어내고 프레젠테이션의 내용에 대한 그들의 감정을 바꿀 수 있을 것이다. 프레젠테이션이 진행되는 동안 특정한 시점에 이르렀을 때 관객이 어떤 감정을 느끼면 좋겠다고 미리 결정해두면 좀 더 흥미를 끌 수 있을 것이다. 어쩌면 관객이 그 자리에서 자신의 감정을 표현하고 다른 사람에게 메시지를 전달할지도 모른다.

극장에 가거나 음악을 듣거나 춤이나 율동을 볼 때 우리는 우리의 감정이 어떤 방향으로 움직일 것이라는 기대감에 비용을 지불한다. 우리의 프레젠테이션도 이와 같은 방식으로 이해해야 할지도 모른다. 감정이 의견과 결정에 영향을 미칠 것이다.

섹스를 주제로 한 재닛의 이야기는 전설적이었다.

완벽한 프레젠테이션

수상 경력이 있는 텔레비전 시리즈 〈매드맨Mad Men〉은 어떻게 하면 흥미로운 프레젠테이션을 하고 흥미로운 음조로 말할 수 있는지를 알려주는 최고의 사례다.

주인공인 60대의 광고 대행사 직원 돈 드레이퍼는 코닥Kodak에게 이른바 '휠'이라는 신제품 슬라이드 기계의 광고를 맡겨달라고 설득한다. 그는 말과 그림으로 스토리를 전달한다.

드레이퍼는 별거 중인 자기 가족(아내와 아이들)의 슬라이드를 보여주면서 홍보를 개인의 이야기로 만든다.

이사회에서 이런 장면이 펼쳐진다고 상상해보라. 이사들이 도착해 자리에 앉는다. 드레이퍼가 프레젠테이션을 하기 위해 일어선다. 조명이 어두워진다. 코닥의 슬라이드 기계가 작동하기 시작한다. 돈 드레이퍼의 가족생활이 화면에 나타난다.

드레이퍼는 그리스어로 'nostalgia'란 '오래된 상처에서 느끼는 고통'이라는 뜻이며 기억보다 훨씬 더 강력한 마음속의 아픔이라고 설명한다.

행복했던 시절 가족의 모습을 담은 슬라이드를 보여주며 코닥의 이 새로운 장치는 우주선이 아니라 타임머신이라고 표현한다.

앞으로 뒤로 움직이면서 다시 가고 싶은 곳으로 우리를 데려가는 타임머신인 것이다. 그는 이렇게 말한다. “이것의 이름은 휠이 아닙니다. 이것은 회전목마입니다.”

회전목마는 어린아이와 똑같은 모습으로 우리를 여행하게 만든다는 말로 프레젠테이션을 마무리한다. 돌고 돌아서 다시 집으로… 우리가 사랑받았던 곳으로 돌아간다. 그는 자신의 결혼식 사진을 보여준다.

이 프레젠테이션은 감성 투자의 전형이며 잠재 고객의 관심을 끌 수밖에 없는 훌륭한 스토리텔링의 핵심이다.

프레젠테이션이 끝났을 때 코닥 임원들의 얼굴에는 제각기 자신의 이야기가 떠오른다. 그들은 감동했다. 거래는 따놓은 당상이다. 유투브에서 이 장면을 찾아보거나 박스세트에 투자하라. 이 사례는 프레젠테이션의 고전이 되었다.

부끄러워하지 마라
(하지만 과시하지도 마라)

흥미로운 사람이 되려면 자신감이 있어야 하지만

지나친 자신감은 금물이다.

흥미로운 사람은 자신감이 있는가?
아니면 자신감 있는 사람이 흥미로운가?

흥미로운 사람이 되는 데 자신감은 도움이 된다. 흥미로운 사람이 되는 법과 자신감의 관계에 대해 심리학자 마이클 브룩스Michael Brooke's는 다음과 같이 생각했다.

우리는 전반적으로 자신만만한가? 아니면 특정한 상황이나 기술에 자신감을 느끼는가? 자신감은 어디에서 오는가?

특히 직장에서 자신감이 얼마나 중요하냐고 묻는다면 사람들은 대부분 이 특성이 매우 중요하다고 평가할 것이다. 자신감이 해가 되는 상황은 그리 많지 않다.

프로 스포츠계에서는 자신감을 철저하게 조사한다. 선수들의 신체 조건이 거의 다르지 않을 때 근소한 차이로 승리를 거두면 사람들은 흔히 승리 팀의 우월한 자신감을 승리의 원인으로 꼽는다. 그런 까닭에 스포츠계에서는 자신감을 많이 연구한다.

'자신감은 어디에서 나오는가?'라는 질문에 대한 답변은 무척 다양하다. 부모, 코치, 관리자, 환경, 연습, 격려인가 아니면 긍정적인 경험인가?

심리학 교수 앨버트 밴두러Albert Bandura*는 이 주제에 관한 한 가장 영향력이 큰 학자일 것이다. 그는 자기 효능이라는 개념을 제시했다(자기 효능에 대해서는 자신감을 다룬 부분 참조).

자기 효능의 핵심은 자신이 어떤 목표나 임무를 성취할 수 있다는 믿음, 다시 말해 긍정적인 결과를 달성할 수 있다는 믿음이다. 밴두러는 자기 효능에 네 가지 원천이 있다고 주장했다.

- 과거의 성공 : 어떤 임무를 완수하면 할 수 있다는 믿음이 강해지며 우리는 대개 자신이 잘하는 일에 끌리고 그 일을 더 많이 한다. 반대로 고전하거나 실패한 경험이 있는 임무나 기술이라면 피하게 된다.
- 모델링 : 훌륭한 성과를 거두는 다른 사람이 우리도 할 수 있다는 믿음을 강화시킬 수 있다. 예컨대 로저 배니스터Roger Bannister 경이 1954년 역사상 최초로 1마일을 4분대로 주파했을 때에야 비로소 사람들은 그 일이 가능하다는 사실을 믿었다. 이후 수많은 사람들이 이 기록을 경신했다.
- 설득 혹은 피드백 : 다른 사람들의 격려는 자신감을 키운다. 이와 마찬가지로 우리가 자신에게 하는 말(혼잣말, 내면의 목소리)도 큰 영향을 미친다. 자신만만한 사람들은 머릿속으로 긍정적인 대화를 나누는 경향이 더 크다. '나는 이 일을 할 수 있어. 전에도 훌륭하게 해냈어.'

* A. 밴두러(1977), '자기 효능: 행동 변화의 통합 이론을 향해(Self-efficacy: Toward a unifying theory of behavioural change)', 『심리학 리뷰(Psychology Review)』, 84: 191~215.

- 감정적/육체적 상태에 대한 통제 : 뇌와 몸은 연결되어 있다. 이 관계에서 벗어날 길은 없다. 자신만만한 사람들은 대개 육체적 스트레스/위협 반응, 심장 박동 증가, 긴장감을 일을 시작할 준비가 되었다는 긍정적인 신호로 해석한다. 자신감이 부족한 사람들은 이런 육체적 증상이 엄습해도 손을 쓰지 못할 것이다. 대중 앞에서 긴장하며 연설할 때 할 말을 잊었다가 마음을 진정시키자 기억이 났던 경험이 있는 사람이라면 이럴 때 어떤 기분인지 충분히 이해할 뿐더러 결코 자신감을 향상시키는 경험이 아니라는 사실에 동의할 것이다.

최근 불Bull* 을 비롯해 인기 스포츠계에 몸담은 연구원들은 단순한 자신감이 아니라 더욱 탄탄하고 강건한 자신감에 관심을 기울였다. 이는 한 번의 실패에 쉽게 물러나지 않는 수준의 자신감을 뜻한다.

흔들리지 않는 자신감을 얻고 싶다면 우선 자신감의 원천부터 파악하고 그 네 가지 원천을 강화하기 위해 꾸준히 의도적으로 노력해야 한다.

따라서 자신감 있는 사람이 더욱 '흥미로워' 보인다면 자신감을 높여야 할 것이다. 지금까지 살펴본 바에 따르면 해답은 자신감의 네 가지 원천을 강화하는 데 있다. 각 원천을 이해함으로써 자기 효능의 네 가지 원천을 이용하는 몇 가지 단순한 단계부터 시작할 수 있을 것이다.

---

* 스티븐 J. 불(Stephen J. Bull), 크리스토퍼 J. 쉠브룩(Christopher J. Shambrook), 윌 제임스(Will James), 조슬린 E. 브룩스(Jocelyne E. Brooks) (2005), 「응용 스포츠 심리학 저널(Journal of Applied Sport Psychology)」, 17 : 209~227.

(원천 1) 본인이 정기적으로 성취한 업적을 상기한다.

(원천 2) 본인이 존경하는 사람들을 본받는다. 그들은 본인이 본받을 만한 어떤 일을 하고 있는가?

(원천 3) 다른 사람으로부터 피드백을 구하는 습관을 기른다. 긍정적인 피드백이라면 소중히 간직하고 부정적인 피드백이라면 이를 바탕으로 개선하기 위해 노력하라. 피드백이 구체적일수록 더 효과적이다. 또 혼잣말을 하라. 우리 내면의 목소리는 도움을 주는 친절한 코치인가 아니면 부정적이고 흠만 잡는 비판가인가? 이 두 가지의 중간을 목표로 삼아라.

(원천 4) 긴장감이 엄습한다고 느끼는 순간, 우리의 신체 상태를 더욱 확실하게 통제할 수 있는 다양한 테크닉 가운데 몇 가지를 실천하라.

자신의 모습을 잃지 마라

당신은 본인의 역할을 맡을 수 있는 유일한 사람이다.

"인간은 자신과 접촉할 때 비로소 흥미로워진다. 나는 사람이란 모름지기 자신을 믿고 자신의 모습을 잃지 않으며 올바른 방식으로 해야 할 일을 해야 한다는 사실을 배웠다."

– 바브라 스트라이샌드Barbra Streisand

그것이 진정한 내 모습인가

우리가 참모습을 보여줄 때 비로소 사람들은 우리에게 지속적이고 진정한 관심을 보일 것이다. 가짜를 좋아하는 사람은 아무도 없다. 우리에게 어떤 사람의 특성이 없는 데도 그 사람을 존경하며 본받으려고 노력하는 것은 아무런 의미가 없다. "나는 나다. 나는 나의 특별한 창조물이다"라는 노래 가사도 있지 않은가.

핵심은 이것이다. 다른 사람들과 자신의 이야기를 공유하고 싶다면 자신의 참모습부터 알아야 한다.

나는 신경을 쓰는 사람인가

"사람들이 나를 어떻게 생각하든 신경 쓰지 않는다"라고 말하는 사람은 멍청이거나 거짓말쟁이이거나 아니면 멍청한 거짓말쟁이일 것이다. 인간이라면 신경을 써야 한다. 그것도 많이 써야 한다. 만일 여러분이 그렇지 않으면 사람들은 이를 여러분의 브랜드로 인식하며 이런 브랜드를 받아들이거나 혹은 함께 어울리지 않는다.

나는 어떤 브랜드를 가지고 있는가

아마존의 설립자 제프 베조스Jeff Bezos는 이렇게 말했다. "당신이 자리에 없을 때 사람들이 당신에 대해 하는 말이 바로 당신의 브랜드다."

브랜드란 우리에 대한 사람들의 인식과 우리가 바라는 사람들의 인식이다. 만일 우리가 본인의 브랜드에 신경을 쓰지 않는다면 다른 누군가가 대신 신경을 쓸 것이다. 어쩌면 우리가 원하는 브랜드를 만들어낼지도 모른다.

브랜드와 매버릭

'브랜드'라는 단어는 '태우다'를 뜻하는 스칸디나비아의 고어 'brandr'에서 유래했다.

우리는 회사에서 자사 제품에 새기는 표시를 브랜드라고 표현한다. 하지만 생산업자들이 자사 제품에 브랜드를 새기기 훨씬 전부터 목장주인은 본인 소유의 소에 브랜드 낙인를 찍었다. 누구나 알다시피 지나치게 독립적이거나 자기 마음대로 행동하며 군중을 따르기를 좋아하지 않는 사람들을 의미하는 '매버릭maverick'이라는 표현이 있다. '매버릭'이란 단어는 원래 낙인이 찍히지 않은 송아지라는 의미였다.

새뮤얼 매버릭Samuel Maverick은 1800년대 텍사스 주의 변호사 겸 정치인 그리고 지주였다. 다른 지주들과는 달리 그는 자신의 소에 낙인을 찍지 않기로 결정했다.

그래서 어떤 목장주인이 낙인이 찍히지 않은 소를 발견하면 곧바로 매버릭의 소라고 생각하게 되었다. 혹자는 매버릭이 잔인하다는 생각에 소에게 낙인을 찍지 않았다고 말한다. 그런가 하면 낙인을 찍지 않은 것은 목장 일에 관심이 없기 때문이라고 말하는 사람도 있었다. 소에 낙인을 찍지 않은 이유에 대한 또 다른 이론에 따르면 그가 낙인 찍히지 않은 소를 무조건 자기 소유라고 주장할 수 있었다고 한다.

위의 이야기에 더해 다음의 '흥미로운' 이야기에는 작은 반전이 있다.

매버릭의 손자인 미국 하원의원 모리 매버릭Maury Maverick은 전문 용어나 지나치게 난해한 언어를 묘사하기 위해 'gobbledygook'이라는 단어를 처음으로 만든 사람이다. 그는 미국 하원 소규모 전쟁 계획 위원회의 회장으로 재직할 때 다른 의원들이 사용하는 애매모호한 언어를 비판할 목적으로 이 단어를 만들었다고 한다.

당신의 브랜드는 무엇인가? 브랜드가 있기는 한가?

2010년 시작된 그루초 클럽 매버릭 어워드는 '다른 상의 해독제'로 일컬어진다. 이 상은 지난 12개월 동안 자신이 종사하는 분야의 틀을 깨트리고 문화와 예술에 지대한 공헌을 한 사람들에게 수여된다. 대니 보일Danny Boyle, 닉 데이비스Nick Davies, 넬 기퍼드Neil Gifford 등이 이 상을 수상한 바 있다.

" 당신의 가장 소중한 자산은 당신의 브랜드다…

… 그런데 브랜드에는 반드시 요점이 있어야 한다."

이 말은 리타 클리프턴Rita Clifton의 지혜로운 말이다. 그녀는 흥미로운 산업에 종사하는 흥미로운 배경을 가진 흥미로운 사람이다.

리타는 런던의 최고 경영자를 거쳐 1997년부터 2012년까지 세계 일류 브랜드 컨설팅 회사인 인터브랜드Interbrand의 회장으로 재직했다. 그 전에는 사치 앤드 사치Saatchi & Saatchi의 부사장 겸 전략 담당 이사로 일했다. 부파Bupa, 네이션와이드Nationwide, 딕슨스Dixons, 포플러스Populus 등 다양한 기업의 회장과 사외 이사를 지낸 경력이 있다. WWF 이사회, 헨리 페스티벌, 선두적인 환경 자원봉사 조직인 컨설베이션 발런티어스The Conservation Volunteers 등을 통해 다양한 공익 활동에 참여했다. 전반적인 면에서 그녀는 흥미로운 개인 브랜드를 개발하는 문제에 대해 이야기를 나눌 이상적인 사람이다.

리타는 이면에 있는 것이 중요하다고 생각한다. 우리의 감정, 사고방식, 믿음, 가치관, 강한 신념 등 겉모습에 가려진 참모습이 핵심이라고 믿는다.

일단 브랜드를 개발했다면 이를 몸소 실천해야 한다. 브랜드란 필요할 때

거울 속에 비친 사람은 누구인가

개인 브랜드를 발견하거나 창조하고 본인이 원하는 종류의 관심을 유발하려면 첫 번째 단계로 정확하고 철저하게 자신을 파악해야 한다.

고향은 어디인가?
어떤 배경을 가지고 있는가?
어떤 신념을 가지고 있는가?
무엇을 입고 있는가?
무엇을 읽고 싶은가?
어떤 텔레비전 프로그램을 보고 싶은가?
어떤 종류의 음식을 좋아하는가?
취미는 무엇인가?
등등

자신에게 물을 수 있는 질문은 무수히 많다. 우리는 그 질문에 어떤 식으로든 답해야 하며 그 답변에 '왜'라는 질문을 덧붙여야 한다.

"세상에서 가장 행복한 사람들은 흥미로운 생각이 가장 많은 사람들이다."

– 윌리엄 라이언 펠프스William Lyon Phelps

만 내세우는 것이 아니다. 그것은 우리 DNA의 일부다. 어떤 회사의 사무실이 음울한 복도를 따라 문이 굳게 닫혀 있고 창문도 없는 어둡고 음침한 건물에 있는데도, 밝고 개방적이며 흥미진진하고 신선한 공기 같은 모습의 이미지를 선전해봐야 아무 소용이 없을 것이다.

나는 어떤 이미지를 표현하고 있는가

이미지는 브랜드의 일부다. 사실 브랜드의 핵심 요소다. 주변 사람들이 선망하는 흥미로운 사람이 되려면 우리가 표현하는 이미지를 자세히 살펴야 한다. 우리는 몸과 목소리, 감정으로 이미지를 전달한다. 이것이 우리 브랜드의 핵심이다.

나는 어떤 모습인가

가장 먼저 흥미를 끄는 요소는 키와 체격 혹은 육체적인 매력이 아니라 몸으로 발산하는 신호다.

물론 자세와 제스처가 우리가 전달하는 메시지의 50퍼센트를 차지한다. 첫인상을 줄 수 있는 두 번째 기회란 존재하지 않는다는 말이다.

누군가 우리와 눈을 맞추고 목소리를 듣기 훨씬 전부터 사람들은 그들 눈에 보이는 것을 토대로 무의식적으로 판단한다. 무관심하고 오만한 행동은 사람들로 하여금 등을 돌리고 멀리하게 만든다. 사람들을 무시하며 건방지게 거들먹거린다면 아무도 관심을 가지지 않을 것이다.

개방적이고 중립적인 태도를 취하면 자신만만하고 다가가기 쉬운 사람처럼 보이므로 사람들이 쉽게 접근한다. 이런 태도를 토대로 육체적인 브랜드의 체계가 형성된다. 일단 체계가 형성되면 화려한 스타일과 색채를 더해 육체적인 메시지를 완성할 수 있다.

오스카 와일드는 다음과 같은 또 다른 명언을 남겼다.

"외모로 판단하지 않는 사람들은 천박한 사람일 뿐이다."

"여러분, 오늘밤 저는 랜들Randall과 홉커크Hopkirk(두 사립 탐정이 등장하는 영국의 텔레비전 시리즈 – 옮긴이)를 동시에 연기하겠습니다."

텔레비전 프로그램 사회자이자 인터뷰 진행자인 트리시 린치Trish Lynch는 매년 수백 명의 사람들을 인터뷰한다. 그녀는 적절한 질문을 제시함으로써 인터뷰 대상자들을 흥미로운 사람처럼 보이도록 만드는 것이 자신의 임무지만 처음부터 에너지나 스파크가 있다면 질문은 그다지 중요하지 않다고 지적했다.

"에너지/스파크란 생기 넘치는 눈빛, 번득이는 호기심, 내면에서 심상치 않은 일이 벌어지고 있음을 알리는 장난스러운 모습을 뜻한다. 시선이 무척 중요하다. 하지만 인터뷰를 진행하는 불편한 상황에서 계속 시선을 맞출 수 있는 사람은 그리 많지 않다. 카메라 앵글 때문에 두 사람의 무릎이 스치고 몇 센티미터 간격으로 서로 얼굴을 마주보아야 하는 일이 잦다. 뚫어지게 바라보지 않고 계속 시선을 맞추는 일은 결코 쉽지 않으며, 그렇기 때문에 이 기술은 모든 사람들이 배우고 익혀야 한다.

아일랜드에서는 흔히 어떤 사람을 '눈이 웃는다'고 묘사한다. 비록 입까지 웃지는 않지만 이는 최고의 미소다. 거짓으로 꾸밀 수 없기 때문이다. 여러분이 상대방을 흥미롭게 생각한다는 뜻을 전할 수 있으므로 이 미소에는 전염성이 있다. 사람이라면 누구나 약간의 아부를 좋아한다. 여러분의 매력과 재치, 개성으로 상대방에게 깊은 인상을 준다면 바람직한 일이다. 서로에게 이롭다.

흥미로운 사람이 되는 법을 배울 수 있을까? 물론이다. 어디에서 시작해야 할지 파악하고 사람을 만날 때마다 실천하기만 하면 된다.

내가 생각하기에 나이가 더 많은 사람들은 상대방을 자극하는 데 일가견이 있는 것처럼 보인다. 이는 결코 우연이 아니다. 그들은 자신이 원하는 것을 얻을 다양한 방법을 시험하고 연마할 시간적 여유가 많았다. 카리스마 유전자를 타고난 사람들은 행운아다. 삶은 이런 사람들에게 분명 우호적일 것이다. 모든 사람이 카리스마를 기르기 위해 노력해야 한다. 간단하고 단순한 결론이다. 지름길이란 존재하지 않는다.

나는 흥미로운 사람이 되려면 여러 가지 재료를 혼합하는 복잡한 조리법이 필요하다고 생각한다. 개중에는 눈에 보이지 않는 재료도 있을 것이다. 미소 짓는 눈부터 시작해서 상대방에 대한 많은 질문을 더하라. 그러면 흥미로운 사람이 될 것이다. 간단하다!

"하지만 여보, 당신이 아무리 노력한다 해도 이보다 더 흥미로운 사람이 될 수는 없어요."

웃어라, 그러면 세상이 따라 웃을 것이다

거리를
걷고 있는데 누군가
우리를 향해 미소를 지으면
우리는 대개 미소로 답할 것이다.
이 충동을 거부하기는
무척 어렵다. 진부하지만
진실이다.

미소는
대개 관심을 뜻한다.
미소를 지으면 미소로 답하는
사람들과 관계를 맺을 수 있다.
심지어 상대방이 왜 우리를
보고 미소 지었는지 이유가
궁금해질 것이다.

다양한 종류의 미소는 다양한 메시지와 감정을 전달한다.
장난스러운 웃음. 쓴웃음. 함박웃음. 부자연스러운 억지웃음. 수줍은 미소.
아양 떠는 미소. 아이러니한 미소. 체념한 웃음. 교활한 웃음.

가장 유명한 미소, 혹자는 가장 흥미롭다고 표현할 미소는 분명 모나리자의 미소일 것이다. 신비로운 지아콘다 Giaconda(모나리자의 원래 작품명으로 '웃고 있는 여자'라는 뜻—옮긴이)의 미소. 영감과 호기심을 불러일으키는 미소. 전 세계 작가와 화가, 시인들이 레오나르도 다빈치의 걸작에 감명을 받았다.

그림을 보라. 그녀가 여러분을 향해 웃고 있다. 무슨 이유일까?
그녀는 무슨 생각을 하고 있을까? 왜 그녀는 그토록 흥미로운가?

그리고 계속 웃어라

유머는 매우 주관적인 요소다. 흥미로움의 의미가 사람마다 다르듯이 유머의 의미 또한 다르다. 슬랩스틱, 풍자, 관찰 유머, 팬터마임, 무언의 유머, 천박한 유머, 블랙 유머 등 갖가지 유머에 우리는 배꼽이 빠지도록 웃는다. 유머는 인류에게 가장 흥미로운 한 요소임에 틀림없다.

새로운 종류의 마약이 있다. 그것은 웃음이다. 웃음은 마약과도 같다. 웃음은 우리에게 더 많은 웃음을 선사한다. 아무리 웃어도 싫증이 나지 않는다. 코미디언이 관객으로부터 웃음을 이끌어낼 때 사람들은 가치와 소중함, 인정의 감정, 그리고 흥미를 느낀다. 그것은 다른 종류의 마약이지만 그럼에도 강력하다.

코미디언이 흥미로운 것은 우리를 웃기기 때문인가? 아니면 우리를 웃기고 싶어 하기 때문인가? 왜 그들은 우리를 웃기는가? 마약과 돈 이외에 그들이 원하는 것은 과연 무엇인가? 이것만으로 부족하다면 더 심오한 이유가 있는가?

"인정을 베풀려면 유머 감각이 있어야 할 뿐만 아니라 자신을 웃음거리로 만들 수 있어야 한다."

디그비 존스Digby Jones 경, 비즈니스 리더 겸 정치가 유머는 분명 우리의 행복에 중요한 역할을 담당한다. 사람들은 웃으면 건강해진다고 말한다. 웃음은 기분을 좋게 만든다. 우리에게 쾌감을 준다. 사람은 누구나 기분이 좋아지는 일에 흥미를 느낀다. 그렇기 때문에 우리를 웃게 만드는 사람들에게 흥미를 느낀다.

뜻밖의 장소에서 발견한 유머

우리는 포클랜드에서 구르카 부족Ghurkhas을 지원하는 전투 상황에 처해 있었다. 살을 에일 듯이 춥고, 습하고, 바람이 거세고, 어두웠다. 항법 장애로 말미암아 우리는 북쪽이 아니라 남쪽으로 향했다. 그 바람에 지뢰밭 한가운데에 도착해서 다수의 사상자가 발생했다. 포격을 받았음에도 공병들이 우리의 진로를 확보할 때까지 여섯 시간 동안 꼼짝하지 못했다. 끔찍한 상황이었다. 무전기까지 고장 나서 마침내 이동해야 할 때가 왔을 때는 차이니즈 위스퍼처럼 한 병사가 다음 병사에게 구두로 명령을 전달해야 했다. 나는 "이동 준비!"라고 말했다. 이 명령은 차례로 전달되었다. 그러는 중에 불현듯 대원들이 더 안전하게 지뢰밭을 빠져나갈 수 있는 아이디어가 떠올랐다… "앞사람의 발자국 안에 발을 내디딜 것." 한 10초쯤 지났을까, 놀랍게도 내 무전기가 다시 작동되었다. 하사관인 클라크의 무전이었다. "그게 무슨 빌어먹을 명령입니까? 내 앞사람의 발 크기를 보고 말씀하십시오!!"

– 앤디 샐먼Andy Salmon 소장, 영국 해병대 사령관, 전 나토NATO 사령관

내 목소리는 어떤가

우리가 내는 소리와 말하는 내용을 흥미롭게 만드는 요소가 서로 관련이 있을까? 확실히 그렇다.

음성은 우리가 전달하는 메시지의 약 40퍼센트를 차지한다. 1970년대 〈파킨슨 쇼Pakinson Show〉에서 피터 셀러스Peter Sellers가 마이클 케인Michael Caine의 독특한 목소리를 흉내 낼 때 말했듯이 "이 사실을 아는 사람은 그리 많지 않다."

배우 겸 보컬 코치인 테사 우드Tessa Wood는 흥미로운 음성에 대해 아래와 같이 말했다.

흥미로운 음성에 대해 살피기에 앞서 이 문제에서는 주관성이 크게 작용한다는 사실을 인식해야 한다. 전 세계 사람들은 다양한 범위의 음성과 말투, 발음의 명확도가 제각기 다른 사람들과 관계를 맺고 사랑하고, 함께 일한다. 어떤 사람에게는 가슴이 두근두근하고 숨이 막힐 것 같은 음성이 다른 사람에게는 귀를 닫고 잠을 청하게 만드는 음성처럼 들릴 수 있다.

그렇다면 흥미로운 음성은 어떤 음성이며 단순히 아름다운 음성과는 어떻게 다른가?

간단히 말해 '아름다운' 음성은 대개 공허하게 들릴 수 있다. 사람들은 아름다운 음성이 내는 소리를 좋아하지만 사실 그 내용에는 관심이 없다. 요컨대 균형이 맞지 않는다. 이는 스테레오나 라디오를 균형 잡힌 소리가 아니라 베이스에만 맞추는 것과 비슷하다. 소리는 흥미로우나 전체 메시지를 흡수하기에는 거의 불가능하다. 따라서 아름답지만 흥미롭지 않은 음성이 있을 수 있다. 우리는 메시지를 들어야 한다.

나는 흥미로운 음성은 흥미로운 이야깃거리에서 출발한다고 생각한다. 물론 이것만으로는 부족하다. 핵심 메시지는 흥미롭지만 연사의 목소리 탓에 졸음을 유발하는 따분한 방식으로 전달되는 교훈이나 강연, 연설이 있다. 따라서 흥미로운 음성은 소리와 내용의 균형을 맞추어야 한다.

일단 '흥미로운 이야깃거리'를 확보했다면 흥미로운 음성을 구성하는 다른 요소로는 무엇이 있을까?

이는 케이크를 굽는 일과 비슷하다. 중요한 것은 균형과 모든 재료의 적절한 혼합이다. 다양한 음조와 어조, 속도와 음량을 이용해 우리가 내는 소리에 색채와 질감을 더할 수 있다.

사실상 모든 사람이 폭넓은 음역과 열정, 청아함을 가진 좋은 목소리를 타고난다. 그런데 우리는 대개 살아가는 동안 그 모든 요소에서 멀어지고 타고난 목소리를 혹사시킨다.

우리의 음성이 가장 깊은 내면의 생각과 감정을 최대한 외부로 표현한다는 사실을 명심해야 한다. 음성은 그런 내면의 생각과 감정을 외부로 드러내 다른 사람과 공유하는 도구다. 이 과정을 가장 긍정적이고 독특하며 매력적인 방식으로 수행할 음성을 찾는다면 틀림없이 흥미로울 것이다.

"이제 묘기를 보여드리겠습니다 …"

나는 어떻게 느끼는가

지금부터 상황이 정말 흥미로워진다. 상대방이 했던 말을 모두 기억하기는 어렵다. 하지만 그 당시 우리가 느낀 감정은 결코 잊혀지지 않는다. 감정은 중요하다. 호기심이 일어나는 순간 뇌는 감정을 전달하는 과정을 시작한다. 확실한 정보를 고려한 후에 다양한 결정을 내리지만 대다수의 결정은 본능과 감정에 따라 좌우된다. 사람들은 흔히 다음과 같이 말한다.

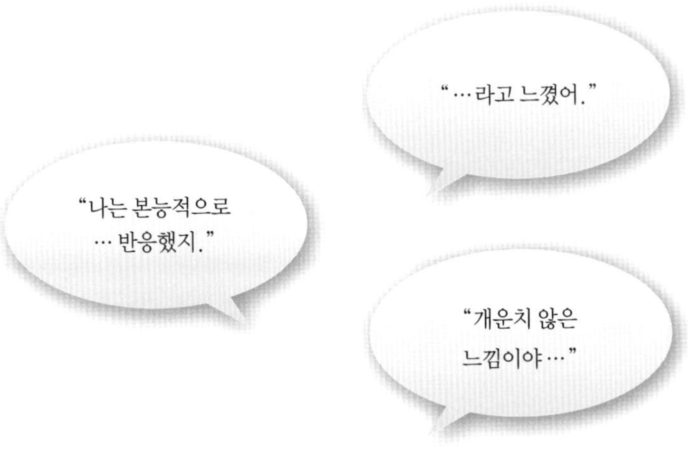

만일 우리가 누군가에게 흥미를 느낀다면 그것은 그들이 흥미로운 이야깃거리를 유쾌한 음성으로 전달했기 때문일 것이다. 하지만 기억하라. 앞서 말했듯이 들으면 유쾌해지는 음성이어야 한다. 흥미를 유지하는 요소는 느낌이다. 느낌은 대부분 무의식적인 것이지만 이따금 뒤로 물러나 그것이 어떤 느낌이고 왜 그렇게 느끼는지 분석해볼 가치가 있다.

발달과정을 겪는 아기들과 의사소통을 하는 어린아이들은 전적으로 자기 기분에 따라 외부 자극에 반응한다. 물론 호기심을 느낄 능력은 있지만 이 역시 감정의 지배를 받는다. 만일 아기들이 가득한 방에서 한 아기가 큰 소리로 운다면 나머지 아기들도 예외 없이 따라 울 것이다. 이는 그들이 감정을 이입하기 때문이다. 아기들은 지지의 뜻을 전달하고 있다. 물론 당시에는 이 사실을 깨닫지 못하겠지만 그 밖에 무슨 다른 이유가 있겠는가? 이런 행동이 이따금 성인이 되어서도 계속된다. 좀 더 친숙한 몇 가지 문구를 들어보자.

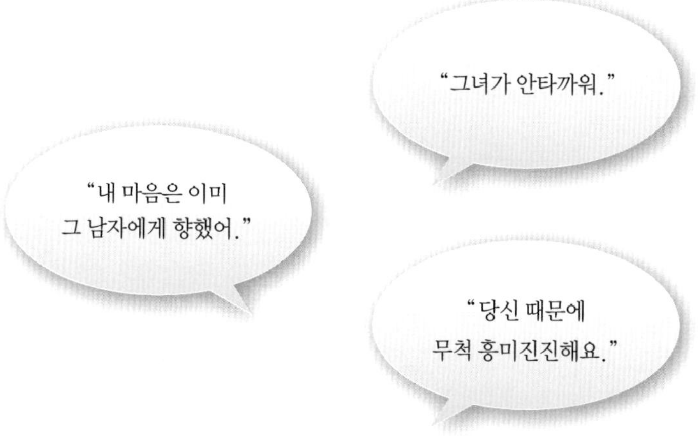

흥미를 느끼지 못한다면 이런 말을 하지는 않을 것이다. 부정적인 감정조차도 흥미의 연장이다. 흥미를 느낀다고 해서 반드시 그 사람을 좋아해야 할까? 그렇지는 않을 것이다. 천인공노할 악행을 저지른 사람이 있다면 좋아하지 않고도 쉽게 흥미를 느낀다. 그러나 우리는 대체로 좋아하지 않는 사람보다는 좋아하는 사람에게 더욱 지속적으로 흥미를 느낀다.

당신의 유리잔은 반쯤 차있는가 아니면 반쯤 비어있는가

비관주의자보다 낙관주의자가 더 흥미로운가

여러분은 반쯤 차있는 유리잔과 반쯤 비어있는 유리잔 가운데 어떤 유형인가? 만일 전자라면 타고난 낙관주의자다. 이러한 사람은 비관주의자일 경우보다 다른 사람에게 더욱 흥미로운 사람이 될 확률이 높다.
왜 그럴까? 연구 결과 낙관주의자는 여러모로 비관주의자보다 훌륭한 성과를 거두는 것으로 나타났다. 낙관주의자는 새로운 일을 시도하고 모험적이며 변화를 환영할 가능성이 높다.
그러면 삶의 경험이 풍부해지고 다른 사람들과 공유할 이야기도 많아진다.

낙관주의자가 돼라. 그러면 한층 흥미로운 사람이 될 것이다. 그렇지만 비관적으로 생각하는 편이 더 현명한 경우가 있다. 이를테면 해변으로 휴가를 떠났다고 하자. 인명 구조원이 '오늘은 물살이 강해서 수영하면 위험합니다'라는 경고판을 세운다. '괜찮을 거야. 어쨌든 나는 수영하러 가겠어'라고 생각한다면 이는 낙관적이다 못해 멍청한 짓일 것이다. 비관주의자의 견해를 택해 수영하지 않는 편이 훨씬 유리하다. 일단 그런 다음에 내일이면 상황이 호전되어 수영을 즐길 수 있을 것이라고 낙관적으로 생각하라. 비관주의자들은 우리를 끌어내리는 경향이 있다. 따라서 낙관주의자와 어울릴 때 더 재미있으며, 우리는 함께 있으면 기분이 좋아지는 사람들과 더 많은 시간을 보내게 된다.

당신은 일반적으로 낙관주의자인가 아니면 비관주의자인가?
당신의 친구들은 어떠한가?

영원한 낙관주의자

"내 생애에서 특히 흥미로웠던 사람은 우리 외할아버지다. 아서 모건Arthur Morgan은 탁월한 낙관주의자셨다. 할아버지는 언제나 모든 먹구름에는 햇살이 숨어있다고 생각하셨다. 말 그대로 말이다. 어렸을 때 우리 가족은 콘월에서 함께 휴가를 보낸 적이 있었는데 날씨가 몹시 궂었다. 해변에서 화창한 날을 즐길 만반의 준비를 하고 양동이와 부삽을 든 형과 나는 뻔질나게 문을 열어보았지만 그때마다 천둥번개가 치고 장대같은 비가 내렸다. 할아버지 말씀에 따르면 이는 곧 있으면 사라질 해무일 뿐이었다. 다음날에도 한 줄기 햇살조차 비치지 않고 한 치 앞도 보이지 않는 두터운 안개가 드리웠다. 할아버지는 손자들에게 그것은 셋까지 세기도 전에 사라질 '신기루'에 지나지 않는다고 말씀하셨다. 그러고는 오랜 시간을 공들여 우리를 위해 연을 만드셨다. 결국 우리는 그것들을 '지상연'이라 부르게 되었다. 하늘에 띄워보지도 못했기 때문이다. 아… 하지만 할아버지는 언젠가 그럴 수 있을 거라고 말씀하셨다."

– 데이브

지금 이 순간 속에 살아라

여기가 바로 우리의 모든 기회와 가능성이 시작되는 곳이다.

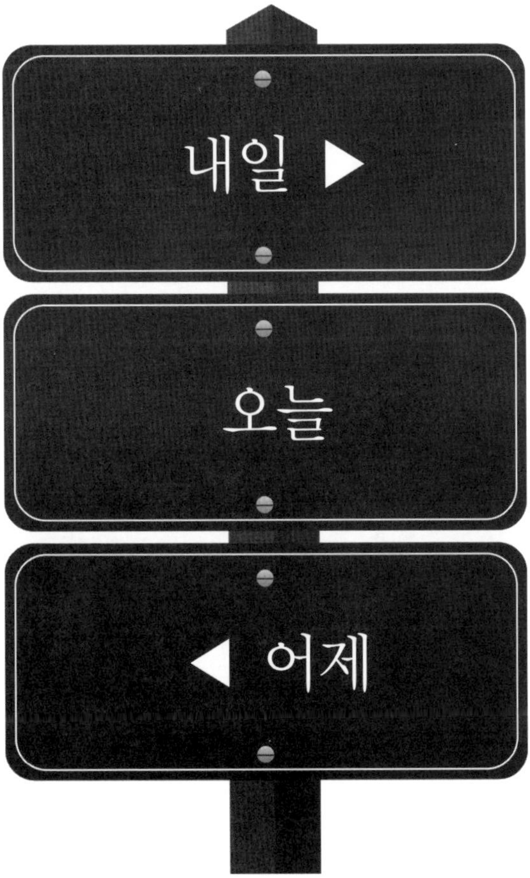

"삶의 한가운데로 대담하게 뛰어들어라. 그리고 어디에서든 삶을 붙잡아라. 삶은 언제나 흥미로울 것이다."

– 요한 볼프강 폰 괴테Johanne Wolfgang von Goethe

따라서 우리가 느끼는 감정이 우리가 느끼는 흥미와 상대방이 느끼는 흥미에 큰 역할을 미친다.

과거 속에서 사는 사람이 많다. 미래 속에서 사는 사람도 있다. 물론 과거와 미래가 언젠가 우리의 스토리를 구성할 것이다. 하지만 '지금 이 순간'에 초점을 맞추어야 한다.

이따금 '지금 이 순간'에 온전히 초점을 맞추면 여러모로 유리하다. 주변에서 일어나는 모든 일을 완벽하게 경험하는 한편 평소에는 그냥 지나쳤을 대상을 감상하고 즐기며 호기심을 느낀다. 세부사항, 색상, 모양, 소리, 냄새, 에너지, 그리고 삶!

'지금 이 순간'은 흥미로운 시간이다. 우리는 존재하고 살아 있으며 바삐 움직인다. 우리는 흥미롭다.

훌륭한 연극이나 영화*를 보는 것은 다분히 '지금'의 경험이다. 연극과 영

* 영화는 다른 사람에게 전할 스토리를 제공한다. 영화는 대화의 훌륭한 주제이며, 예술, 휴식의 한 방법, 전율을 느끼는 한 방식, 혹은 해결해야 할 미스터리로 즐길 수 있다.

화에서는 사람들의 동작이 무척 중요하며 그 때문에 우리는 다음에 무슨 일이 일어날지 궁금해 하며 계속 마음을 졸인다. 물론 과거에 일어난 일에 영향을 받거나 감동을 받을 수 있겠지만 '지금 이 순간'만큼 강력한 영향을 미치지는 못할 것이다.

미국 영화 협회는 10년마다 미국 영화 산업을 대상으로 최우수 영화에 대한 조사를 실시한다. 다음은 2007년 조사에서 선정된 상위 50위 영화다.

1. 〈시민 케인Citizen Kane〉 (1941)
2. 〈대부 The Godfather〉 (1972)
3. 〈카사블랑카 Casablanca〉 (1942)
4. 〈성난 황소 Raging Bull〉 (1980)
5. 〈사랑은 비를 타고 Singing in the Rain〉 (1952)
6. 〈바람과 함께 사라지다 Gone with the Wind〉 (1939)
7. 〈아라비아의 로렌스 Lawrence of Arabia〉 (1962)
8. 〈쉰들러 리스트Schindler's List〉 (1993)
9. 〈현기증Vertigo〉 (1958)
10. 〈오즈의 마법사 The Wizard of Oz〉 (1939)
11. 〈시티 라이트City Lights〉 (1931)
12. 〈수색자 The Searchers〉 (1956)
13. 〈스타 워즈Star Wars〉 (1977)
14. 〈사이코Psycho〉 (1960)
15. 〈2001 스페이스 오디세이2001: A Space Odyssey〉 (1968)
16. 〈선셋 대로Sunset Boulevard〉 (1950)
17. 〈졸업The Graduate〉 (1967)
18. 〈제너럴The General〉 (1927)
19. 〈워터프론트On the Waterfront〉 (1954)

20. 〈멋진 인생It's a Wonderful Life〉 (1946)

21. 〈차이나타운Chinatown〉 (1974)

22. 〈뜨거운 것이 좋아 Some Like It Hot〉 (1959)

23. 〈분노의 포도The Grapes of Wrath〉 (1940)

24. 〈E.T. E.T. – The Extra – Terrestrial〉 (1982)

25. 〈앵무새 죽이기To Kill a Mockingbird〉 (1962)

26. 〈스미스 씨 워싱턴에 가다Mr. Smith Goes To Washington〉 (1939)

27. 〈하이 눈 Hight Noon〉 (1952)

28. 〈이브의 모든 것All About Eve〉 (1950)

29. 〈이중 배상Double Indemnity〉 (1944)

30. 〈지옥의 묵시록Apocalypse Now〉 (1979)

31. 〈말타의 매The Maltese Falcon〉 (1941)

32. 〈대부 2The Godfather, Part II〉 (1974)

33. 〈뻐꾸기 둥지 위로 날아간 새One Flew Over the Cuckoo's Nest〉 (1975)

34. 〈백설 공주와 일곱 난쟁이Snow White and Seven Dwarfs〉 (1973)

35. 〈애니 홀Annie Hall〉 (1977)

36. 〈콰이 강의 다리The Bridge on the River Kwai〉 (1957)

37. 〈우리 생애 최고의 해The Best Years of Our Lives〉 (1946)

38. 〈시에라 마드레의 보물The Treasure of the Sierra Madre〉 (1948)

39. 〈닥터 스트레인지러브Dr. Strangelove〉 (1964)

40. 〈사운드 오브 뮤직The Sound of Music〉 (1965)

41. 〈킹콩King Kong〉 (1933)

42. 〈우리에게 내일은 없다 Bonnie and Clyde〉 (1967)

이 가운데 몇 편의 영화를 보았는가? ?

43. 〈미드나잇 카우보이 Midnight Cowboy〉 (1969)
44. 〈현대의 여신 The Philadelphia Story〉 (1940)
45. 〈셰인 Shane〉 (1953)
46. 〈어느 날 밤에 생긴 일 It Happened One Night〉 (1934)
47. 〈욕망이라는 이름의 전차 A Streetcar Named Desire〉 (1951)
48. 〈이창 Rear Window〉 (1954)
49. 〈인톨러런스 Intolerance〉 (1916)
50. 〈반지의 제왕: 반지 원정대 Lord of the Rings: The Fellowhship of the Ring〉 (2001)

그리고 이번 기회에 영국의 상위권 영화 몇 편도 함께 소개하겠다.

1. 〈지금 보면 안 돼 Don't Look Now〉 (1973)
2. 〈제3의 사나이 The Third Man〉 (1949)
3. 〈시계태엽 오렌지 A Clockwork Orange〉 (1971)
4. 〈겟 카터 Get Carter〉 (1971)
5. 〈우리들만의 비밀 Whistle Down the Wind〉 (1961)
6. 〈줄루 Zulu〉 (1964)
7. 〈불의 전차 Chariots of Fire〉 (1981)
8. 〈롱 굿 프라이데이 The Long Good Friday〉 (1980)
9. 〈네 번의 결혼식과 한 번의 장례식 Four Weddings and a Funeral〉 (1994)

10. 〈콰드로페니아Quadrophenia〉 (1979)

11. 〈위드네일과 나Withnail & I〉 (1987)

12. 〈간디Gandhi〉 (1982)

13. 〈케스Kes〉 (1969)

14. 〈거짓말쟁이 빌리Billy Liar〉 (1963)

15. 〈사랑의 메신저The Go-Between〉 (1970)

16. 〈넛츠 인 메이Nuts in May〉 (1953)

17. 〈악몽의 밤Dead of Night〉 (1945)

18. 〈시골 영웅Local Hero〉 (1983)

19. 〈토요일 밤과 일요일 아침Saturday Night and Sunday Morning〉 (1960)

20. 〈레이디 킬러The Ladykillers〉 (1955)

이 가운데 몇 편의 영화를 보았는가? 정말 좋아하거나 그다지 좋아하지 않는 영화가 있는가? 만일 그렇다면 왜 그 영화들이 흥미로웠는가 아니면 따분했는가?

새로운 일을 시도하라

매우 흥미로운 사람임이 분명한 알베르트 아인슈타인은
다음과 같이 말한 적이 있다.

"한 번도 실수를 저지르지 않은 사람은
한 번도 새로운 일을 시도하지 않은 사람이다."

그는 또한 $E=mc^2$이라는 공식을 발표하기도 했는데
두 작가는 솔직히 무슨 뜻인지 전혀 이해하지 못한다.
두 사람 모두 에너지, 질량, 그리고 c-one이것은 또 대체 무슨 뜻인가? 등식을
이해해보려고 여러 차례 시도했다.
그런데도 여전히 오리무중이다.

변화?

17세기에 프랑수와 드 라 로슈푸코François de La Rochefoucauld가 말했듯이 "인생의 유일한 상수는 변화다." 그리고 기원전 500년경에 살았던 헤라클레이토스는 "변화 이외에 영원한 것은 아무것도 없다"는 말을 남겼다.

변화는 좋은 것이다. 변화는 흥미롭다. 변화는 일어난다.

개인적인 상호작용의 모든 면에는 반드시 변화가 일어난다. 환경의 변화, 감정의 변화, 개인의 변화, 그렇다면 흥미로운 사람들은 변화를 수용할까? 따분한 사람들은 변화를 두려워할까?

감독, 교육학자, 커뮤니케이션 코치인 짐 덩크Jim Dunk는 흥미로운 사람이 되는 법과 변화에 대해 다음과 같이 말했다.

흥미로운 사람이 되는 법을 알고 싶다면 '변화'를 반드시 고려해야 한다. 커뮤니케이션은 모름지기 현상現狀을 변화시킬 목적으로 시작된다는 것이 내 주장이다. 반드시 거대하거나 중대한 변화일 필요는 없지만 모든 참여자들이 커뮤니케이션을 마칠 때 무언가 변했다고 느껴야 한다.

그렇다면 내가 코치로서 사람들을 만날 때 그들은 어떻게 내게 흥미를 느낄까? 그들은 다양한 세기로 나를 찾는다. 진심으로 나를 만나고 싶은가? 단지 관리자의 명령에 따르고 있는가 아니면 자신에 대해 무언가를 발견하고 생각과 행동을 '변화'시키려는 진정한 소망을 가지고 있는가?

참여자에게 자신을 이해하고 싶다는 진정한 소망과 최대한 솔직하게 자신을 진심으로 비판할 능력이 있을 때 코칭의 성공 가능성이 높아진다.

가장 효과적인 실습으로는 커뮤니케이션의 한 수단인 스토리의 중요성을 고려하는 방법이다. 사람들에게 어린 시절에 들었던 이야기를 회상해보라고 요청한 결과, '놀라움', '서스펜스', '다양함', '유머', '무서운', '으스스한'이라는 단어들이 등장했을 때 나는 사람들이 스토리텔링의 위력을 본질적으로 이해하고 있으며 기억의 행위를 통해 어린 시절의 감정과 경험으로 곧바로 돌아간다는 사실을 알았다. 이야기가 어떻게 그들을 흥분시키고 변화시키는지 회상함으로써 어린 시절로 돌아가는 사람이라면 다른 사람의 감정을 변화시킬 도구 상자를 완성할 수 있다.

사람들이 프레젠테이션이나 회의를 마치고 자리를 뜰 때 행사가 끝난 후 어떤 느낌이냐고 물으면 그때껏 일어난 일을 가장 효과적으로 파악할 수 있다. 이 경우에도 사람들은 '감동을 받았다', '도전의식을 느낀다', '힘을 얻었다', '흥분된다' 같은 특정한 종류의 단어를 찾는다. 유능한 커뮤니케이터에게는 이런 정도의 관계가 필요하다. "우리는 할 수 있다"는 버락 오바마의 단언이 얼마나 인상적인지 돌이켜보라. 이 말에는 수많은 계획과 생각이 따라야 하겠지만 무엇보다 '적절한 감정'을 불러일으켜야 한다. 훌륭한 스토리텔링과 마찬가지로 말이다.

관객에게서 강력하고 긍정적인 감정을 불러일으키겠다는 목표를 세운 사람은 이처럼 인간에 투자한 보상을 톡톡히 받을 것이다. 철저한 계획과 행동으로 이런 감정을 십분 활용해야 한다는 필요성은 굳이 말하지 않아도 명백하다. 하지만 위험하다는 감정을 일으키지 못하고 상황을 변화시키는 것은 훨씬 어려운 일이다.

'흥미로운' 사람은 함께 일하고 성공이든 실패든 공유하는 협력적인 방식을 수용한다. 그들은 개방적이고 편안하며 자신만만하고 다가가기 쉬우며 자연스럽게 행동한다.

나는 일뿐만 아니라 가족, 직장 생활과 개인 생활의 균형 등 주변의 대상을 이해하고 변화시키고 싶은 분야를 발견하겠다는 진심어린 소망을 가진 사람들에게 흥미를 느낀다. 그들은 자신이 일으키는 변화를 통해 커뮤니케이션 능력, 생산성, 효율성을 향상시키고 더욱 흥미로운 사람으로 거듭난다.

"몇 년 전 노팅엄의 한 레이스 공장에서 직업 훈련생 관리자로 일하고 있을 때 내게 경종을 울리는 일이 일어났고 그 일로 내 인생은 완전히 변했다. 회사 영업사원인 토니는 2,3주에 한 번씩 나타나 주문을 전달했다. 토니는 콧수염, 곱슬곱슬한 파마머리, 두툼한 반지, 양가죽 코트, 지독한 스킨 냄새 등 당시 '바람둥이'의 전형이었다. 나는 토니가 좋았고 그 역시 내게 호감이 있는 것처럼 보였다. 그는 가끔 점심시간에 나를 불러서 함께 맥주와 간식을 즐기곤 했다. 나는 그때 젊었고 목표도 없었는데 그에게는 이런 내 모습이 흥미로워 보였던 모양이다. 어느 날 우리의 소박한 외출에서 그는 이렇게 말했다. '데이브, 뭐하세요?' 나는 '무슨 뜻입니까?'라고 되물었다. '퇴근하면 뭐하시냐고요?' '하는 일이 별로 없어요. 이따금 친구들과 술집에 가죠.' 그는 나를 쳐다보며 머리를 가로저었다. '한 번뿐인 인생을 가지고 뭐하시는 겁니까? 뒤로 물러앉아서 일이 일어나기를 기다릴 수는 없잖아요!' 그것은 분명 내 생애에 가장 정신이 번쩍 들게 하는 말이었을 것이다. 토니 같은 흥미로운 사람들은 사건을 일으킨다."

– 데이브

나이가 들수록 더욱 흥미로워진다

지식과 지혜가 흥미로운 것과 관계가 있다면 나이가 들어감에 따라 우리는 더욱 흥미로운 사람이 된다. 그렇지 않은가? 반드시 그래야만 한다. 하지만 꼭 그런 것 같지는 않다.

오래전 비틀스는 〈When I'm Sixty Four〉라는 노래를 만들었다. 나이 먹는 것에 대한 노래였다. 아이러니하게도 오늘날 세계에서 일흔 살은 특별히 늙은 나이처럼 생각되지 않으며 사실 남은 비틀스 멤버들은 이제 일흔을 훌쩍 넘어섰다. 이 노래의 가사는 흥미로운 질문을 던진다.

" 당신은 변함없이 나를 필요로 할 건가요? 변함없이 내게 즐거움을 줄 건가요? 내 나이 일흔 살에도?"

우리는 노인 문제 전문가인 임상심리학 컨설턴트 빅토리아 힐Victoria Hill 박사와 이야기를 나누었다. 노인 세대와 그들에 대한 젊은 세대의 인식에 관해 힐 박사가 한 이야기는 상당히 흥미로웠다.

그녀는 일상생활과 전문분야에서 관찰한 결과 노인들이 여러 가지 이유로 무척 흥미롭다는 사실을 발견했다. 뿐만 아니라 그들이 다른 가치관을 가지고 상당히 다른 세상에서 성장하고 수많은 변화와 발전을 목격했다는 사실에 흥미를 느꼈다.

언제나 스토리가 존재한다. 사람들은 과거에서 교훈을 얻기보다는 과거를 잊어버린다. 힐 박사에 따르면 노인들은 일반적으로 젊은 세대에 비해 다른 사람에게 관심이 더 많다. 그들의 예의바르고 탐구적인 행동 방식과 훌륭한 예절 기술에서 이 사실을 확인할 수 있다.

과연 노인들은 젊은 세대에 비해 다른 사람들과 주변에서 일어나는 일에 관심이 더 많은가?

그럴 수도 있고 그렇지 않을 수도 있다. 힐 박사는 세대 차이와 관련된 한 가지 문제를 심각하게 걱정한다. 이 걱정거리는 앞서 살펴본 노래와 관련이 있다. 과연 우리는 노인을 충분히 배려하고 있는가? 그녀가 양로원에 거주하는 노인들을 대상으로 실시한 연구에 따르면 사람들은 이따금 노인을 '걸어다니는 병원'이나 '한 인간이라기보다는 문젯거리'로 생각한다. 그녀는 사람들이 한 사람의 참모습을 파악하기 위해 시간을 투자하지 않는다고 지적했다.

아울러 진심어린 관심을 표현할 때 우호적인 분위기가 형성되고 보살피는 사람이나 보살핌을 받는 사람 모두에게 이롭다고 믿었다. 그녀는 다음과 같은 문제 때문에 항상 고심한다.

"노인들은 흔히 사람이 아니라 몸뚱이로 인식된다."

그녀는 노인들에게 배울 점이 많은데도 젊은 세대는 노인들의 경험과 지혜, 조언을 구하지 않는다며 다음과 같이 덧붙였다. "역사는 교훈을 전한다. 전문가에게 조언을 구하지 않는다면 이는 미친 짓이다!"

나이는 숫자에 불과하다.

이쪽으로
가세요

리더들의 매력

“만일 사람들이 리더들에게 흥미가 없다면 아무도 그들을 따르지 않을 것이다. 크리스 휩 소령은 리더를 흥미롭게 만드는 요소에 대해 다음과 같이 말했다.

사람들은 국가수반, 군대 지휘관, 비즈니스 리더, 그리고 스포츠 팀의 주장 같은 사람에게 흥미를 느낀다. 하지만 리더의 범위는 사람들의 생각보다 훨씬 넓다. 모든 부모, 숙부와 숙모는 리더다.

리더십의 핵심은 살면서 어떤 사람이 차지하는 위치가 아니라 그 특정한 위치에서 행동하는 방식이다. 사람들에게 명령을 내리는 것만이 리더의 임무는 아니다. 리더는 단순한 관리자가 아니다. 그들은 공동 목표와 과정을 창조하고 지지자들이 특정한 역할을 수행하도록 이끈다.

리더에게는 믿어 의심치 않는 명분이 있다. 그들은 자아를 깊이 탐구하고 자신에게 진정으로 중요한 것, 자신을 움직이게 만드는 것을 발견했다. 이 발견을 토대로 매우 신중하게 결정했다. 열정은 전염된다. 누군가 열정을 느끼는 주제에 대해 이야기하는 모습을 보면 매력적이다. 그들이 믿는 것을 그대로 믿을 필요는 없다. 그들에게 신념이 있다는 사실을 믿는 것만으로 충분하며 그러면 그들의 견해를 듣고 싶은 흥미가 생긴다.”

리더에게는 믿어 의심치 않는 명분이 있다. 그들은 자아를 깊이 탐구하고 자신에게 진정으로 중요한 것, 자신을 움직이게 만드는 것을 발견했다. 이 발견을 토대로 매우 신중하게 결정했다. 열정은 전염된다. 열정을 느끼는 주제에 대해 이야기하는 사람의 모습은 매력적이다. 그 사람이 믿는 것을 그대로 믿을 필요는 없다. 그 사람에게 신념이 있다는 사실을 믿는 것만으로 충분하며 그러면 그의 견해를 듣고 싶은 흥미가 생긴다."

실내 장면. 사우스뱅크 센터 회원 바. 낮

데이브와 마크가 창문 밖으로 템스 강을 내려다본다. 하늘은 잿빛이다. 강물은 짙은 갈색이다.

데이브

사람들과 리더의 개인적인 관계에 대해 약간 다루어야 하지 않을까?

마크

또 빌 클린턴 이야기를 하고 싶은 거군? 그렇지?

"어느 날 아침 나는 AOL의 한 고객으로부터 전화를 받았다. 그들은 Q2 아레나에서 열리는 한 행사를 후원하고 있었는데 빌 클린턴이 그 행사에서 연설할 예정이었다. 나는 언제나 연사와 커뮤니케이터인 빌 클린턴의 팬이었고 AOL의 고객들은 이 사실을 알고 있었다.

당시 우리는 『클린턴 팩터Clinton Factor』라는 책을 집필하는 중이었는데 그들은 이 사실 또한 알고 있었다. '데이브, 그리니치로 오셔야겠어요. 클린턴 행사의 VIP 티켓 한 장을 구했어요.'

망설일 필요가 없었다! 클린턴은 여느 때와 다름없이 카리스마가 넘치는 모습으로 연설을 했고 우리는 그의 말을 한마디도 놓치지 않았다. 그는 품위가 있었고 멋지게 서두를 꺼내는 방법에 대해 알고 있었다. 두말할 필요도 없이 그는 리더였지만 그럼에도 개인적으로 청중과 관계를 맺는 것처럼 보였나.

기조연설이 끝난 후 그는 청중에게 몇 가지 질문을 받은 다음 사진을 찍고 담화를 나누기 위해 VIP실로 자리를 옮겼다.

그가 안으로 들어오는 순간 흥분으로 장내가 술렁거렸다. 그는 차례로 사람들과 사진을 찍었으며 그러는 중에 몇 마디 말을 주고받았다. 내가 그에게 책에 대해 말했더니 그는 다정하게 관심을 보였다. 그 덕분에 나는 기분이 더 좋아졌다.

아직도 그날의 기억이 생생하다. 전에는 한 번도 느끼지 못한 분위기였다. 마치 장내에 있던 모든 남자는 클린턴이 되고 싶어 하고 모든 여자는 그의 곁에 있고 싶어 하는 것 같았다."

– 데이브

비즈니스를 흥미롭게 만들어라 : 부富는 밖에서 온다

가장 먼저 출근해서 가장 늦게 퇴근하고, 주말에도 근무하고, 깨어있는 모든 시간을 일로 채우며, 얼마나 바쁜 사람인지 과시할 때 생산적이고, 존중받고, 인정받고, 존경받고, 심지어 흥미로운 사람이 될 것이라고 믿는 부류가 있다. 하지만 이들의 믿음이 사실이라면 우리가 주변에서 일어나는 일을 즐기고 그 일에서 교훈을 얻기는 어려울 것이다. 비즈니스는 흥미롭다. 하지만 우리가 폭넓은 경험을 통해 외부에서 부를 얻을 때 비즈니스는 더욱 흥미로워질 것이다. 그러면 3R, 즉 휴식Rest, 레크리에이션Recreation, 새로운 활력Revitalization을 만끽하는 데 도움이 된다.

영국의 주도적인 비즈니스 리더 겸 하원의원과의 담화는 흥미로운 경험이었다. 디그비 존스 경의 부인 팻은 3R에 대해 다음과 같이 말하며 즐거워했다. 남자는 "휴식의 달인인데다 이내 열을 잘 식힌답니다!"

디그비는 워릭셔에 있는 자신의 집이 가족과 어울리고 친구들을 초대할 이상적인 장소라고 말했다. 하지만 흥미로운 사람들이어야 한다.

존스 경의 업무 분담 비율 또한 흥미롭다. 업무 시간의 60퍼센트는 유급 사업 활동이 차지한다. 기업과 교육 기관에서 개최하는 강연과 언론과의 인터뷰, 비인의 회의가 25퍼센트를 차지한다. 15퍼센트의 시간은 자선 단체에 할애한다.

디그비는 위대한 업적이 전부가 아니라고 믿었다. 아울러 용감하고 현명하며 창의적인 일을 많이 성취했지만 그것 때문에 오만하고 건방지게 행동하는 사람이 많으며 그러면 그 순간 흥미가 사라진다고 생각했다. 그는 도발적이고, 유머러스하며, 남을 배려하고, 관심을 기울이는 사람들에게 흥미를 느꼈다. 한편 사람에게는 누구나 스토리가 있다고 생각하고 그 스토리를 듣고 싶어 했다. 사업상 모임이나 자선 만찬에 초대를 받을 때면 주최자에게 새로운 스토리를 들을 수 있도록 모르는 사람 옆에 자리를 마련해달라고 부탁했다.

그는 사람들이 자신의 견해에 동의하지 않는다 해도 솔직하면서도 무례하지 않다면 개의치 않는다. 사실 건전한 토론을 환영하며 하원에서도 이런 토론이 많다고 생각했다. 존스 경은 상하원 의원들에 대해 흥미로운 견해를 제시했다. 그는 하원의원들이 상원의원들보다 십중팔구 더 흥미로울 것이라고 생각했다. "하원의원들은 자신이 무슨 이야기를 하는지 대개 알고 있기 때문이다."

유능한 비즈니스 리더는 흔히 정상에 오르기 위해서라면 누구라도 밟고 올라서는 무자비하고 냉혹한 사람으로 비칠 수 있다. 존스 경을 이런 사람이라고 생각한다면 오산이다. '사회가 공유하는 부의 창조'에 대한 그의 신념을 보면 특히 그렇다. 그가 생각하기에 '사회가 공유하는 부의 창조'는 비즈니스와 사회가 맺어야 하는 관계와 사회가 받아 마땅한 관심에 대한 흥미로운 관점이다. "만일 사람들이 할 수 없다고 말한다면 손을 밖과 아래로

뻗어서 그렇게 할 수 있는 곳으로 사람들을 데리고 가는 것이 기업의 의무다."

만일 대기업가가 경쾌한 발걸음으로 만면에 미소를 보인다면 두말할 필요도 없이 관심의 대상이 될 것이다. 그런 사람은 창의적이고 흥미로운 방식으로 사업에서 성공을 거둘 것이다. 그들은 귀를 기울이고 새로운 아이디어를 수용하며 기회를 찾고 직접 기회를 제시할 준비가 되어 있다.

그들은 완전한 인간이다.

"보편적으로 흥미로운 사람이 되는 비결은 보편적으로 흥미를 가지는 것이다."

– 윌리엄 딘 하우얼스William Dean Howells

주방의 흥미로움

요리 프로그램에서 요리법만 전하던 시대는 이미 오래전에 지났다. 요즘 요리 프로그램은 한층 흥미롭다. 사람들은 매력적인 셰프의 브랜드를 보고 채널을 고정한다. 우리는 여전히 음식에 대해 이야기하지만 이제 음식이 전부는 아니다.

사람들이 요리 프로그램을 단순히 군침 돌게 하는 오락거리가 아닌 무엇으로 생각하게 된 것은 분명 그레이엄 커Graham Kerr의 'Galloping Gourmet'의 공이 컸을 것이다. 우리는 음식 뒤편에 보이는 사람들에게 흥미를 느낀다. 요리를 하는 흥미로운 사람들 때문에 음식이 흥미로워진 것이다. 만일 우리가 최근 경험했던 미식의 즐거움을 공유하는 사람들에게 끌리지 않는다면 채널을 맞추고 재료와 요리법을 받아 적겠는가? 아마 그렇지 않을 것이다. 재료의 목록이 '한 바구니의 계란'이라는 항목을 포함할 만큼 정확한 키스 플로이드Keith Floyd는 '셰프스트라바간짜chefstravaganza(요리사를 뜻하는 chef와 엉뚱한 것을 뜻하는 stravaganza의 합성어—옮긴이)'의 선구자였다. 그의 화려하고 쾌활한 모습은 영국 전역 시청자들의 관심을 사로잡으며 텔레비전 요리 프로그램에 진출하려는 수많은 요리사 지망생들을 탄생시켰다.

우리는 이상야릇한 요리를 창조하는 요리 연구소의 블루멘탈Blumenthal 교수, 멋진 친구들에게 말 그대로 음식을 내던지는 '네이키드 셰프Naked Chef' 제이미 올리버Jamie Oliver, 그리고 요리 열기가 공존하는 절대적인 풍요의 시대에 살고 있다. 〈니겔리시마Nigellissima(니겔라 로슨의 요리 프로그램—옮긴이)〉의 푸짐한 음식으로 우리를 질식시키는 로슨Ms Lawson과 다른 사람들의 주방에서 폐를 끼치는 솔직한 욕쟁이 고든 램지Gordon Ramsay도 빼놓을 수 없다.

흥미를 유발하고 브랜드 도서를 사도록 우리를 유혹하는 쇼맨십,
그리고 생각할 거리여—. 아, 군침이 돈다.

우우!!

다른 사람들과 자신을 놀라게 하라.

흥미롭지 않다면 당신은 진정한 의미에서 존재하는 것이 아니다

그래서 우리는 지금껏 흥미로운 사람이 되는 법에 대해 무엇을 배웠는가? 음, 많은 것을 배웠다. 플라톤과 소크라테스부터 골상학과 신경과학, 그리고 다양한 흥미로운 여담까지 다루었다.

몇몇 똑똑하고 흥미로운 사람들의 뇌를 선택했다. 우리 자신과 우리의 세계관을 살펴보았다. 우리에 대한 다른 사람의 인식을 다루었다.

이 책은 애매모호한 개념으로 시작했다. 그런 다음 일련의 질문을 제시하고 '만일…?'이라는 생각을 떠올리며 조사를 시작했다. 이 책은 이 출발점으로부터 발견의 항해로 발전했다. 이른바 '흥미로움'을 구성하는 요소를 다루었다. 확신컨대 그래도 무언가 빠진 것이 있을 것이다.

이는 결코 교육용 책자가 아니다. 흥미로운 사람이 되는 법에 정해진 규칙, 비밀 공식, 그리고 마법의 열쇠 따위는 존재하지 않는다. 하지만 흥미로운 사람이 되기 위해 할 수 있는 수백 가지 일이 존재한다. 이런 방법이 이 책과 마인드 맵에 산재해 있다.

전부는 아니더라도 이 가운데 대부분은 이미 아는 방법일 것이다. 우리가 지금껏 한 일이라고는 이 가운데 몇 가지 방법에 대해 좀 더 정확하게 초점을 맞춰 탐구하라고 부드럽게 경고한 것이 전부다. 우리는 여러분이 '흥미로움'의 의미에 대해 생각하게 하기 위해 노력을 아끼지 않았다.

누구나 '흥미로운' 사람이 될 수 있다. 모든 사람이 흥미롭기 때문이다. 현재의 인간 존재를 가능하게 만든 것은 바로 '흥미로움'이다.

흥미로움은 인간의 필수 조건이다.*

흥미롭지 않다면 우리는 진정한 의미에서 존재하는 것이 아니다. 흥미롭지 않은 것은 볼썽사나운 쓰레기라고 되뇌어야 한다. 모든 사람에게는 스토리가 있다. 모든 사람이 스토리다. 스토리를 전하라. 제대로 전하라.

흥미로운 삶을 살고 흥미로운 사람이 되려면 우선 다른 사람과 주변의 모든 대상에 흥미를 가져야 한다. 이는 그 자체로 이로운 일이다.

흥미로운 사람이 되려면 직장 생활과 개인 생활의 균형을 적절히 맞추어야 한다. 그러려면 다른 관심사와 취미, 스포츠, 예술, 문학, 음악을 위한 시간을 할애해야 한다.

흥미로운 사람이 되려면 호기심을 가지고 지식을 향한 건전한 갈망으로 탐

* 우디 앨런(Woody Allen)의 말을 빌자면 "인생은 고뇌와 고독, 고통으로 가득하다. 게다가 너무 빨리 끝난다."

구정신을 길러야 한다.

흥미로운 사람이 되려면 계속 질문하고 해답을 찾아야 한다.

이 모든 것은 그 자체로 유익하다. 우리는 더욱 행복하고 성숙하며 만족스러운 사람이 될 수 있다.

이 모든 일이 우리에게만 이로운 것은 아니다. 주변의 모든 사람에게도 이로우며 나아가 세상을 더 나은 곳으로 만든다.

〈스타트렉Star Trek〉의 미스터 스포크는 이렇게 말하곤 했다. "Dif-tor heh smusma." 이는 불칸Vulcan말로 "장수와 번영을 기원한다"는 뜻이다.

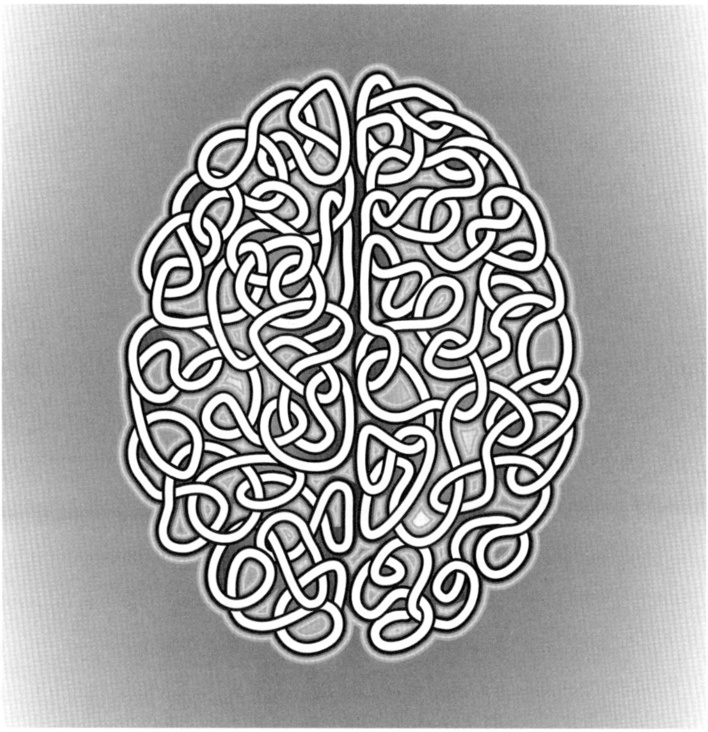

흥미로운 삶은 매력적인 여행이다.

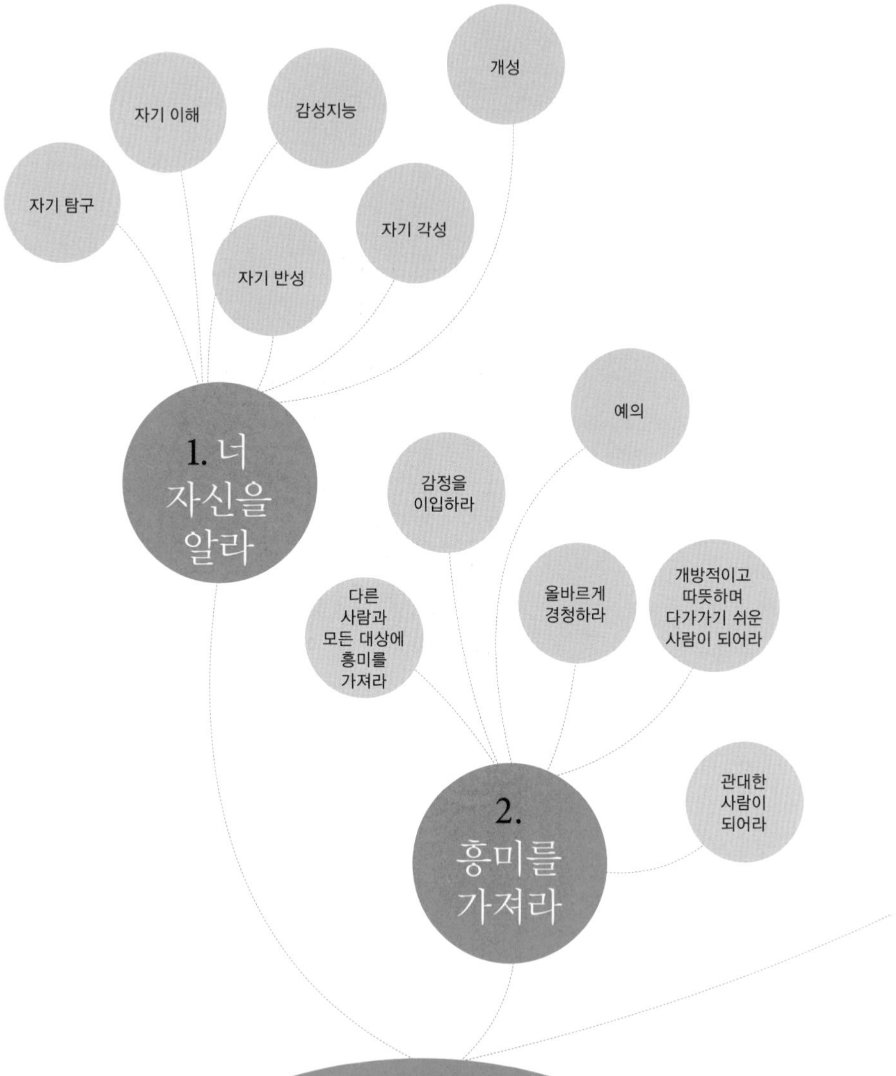

흥미로운 사람은 뭐가 다를까

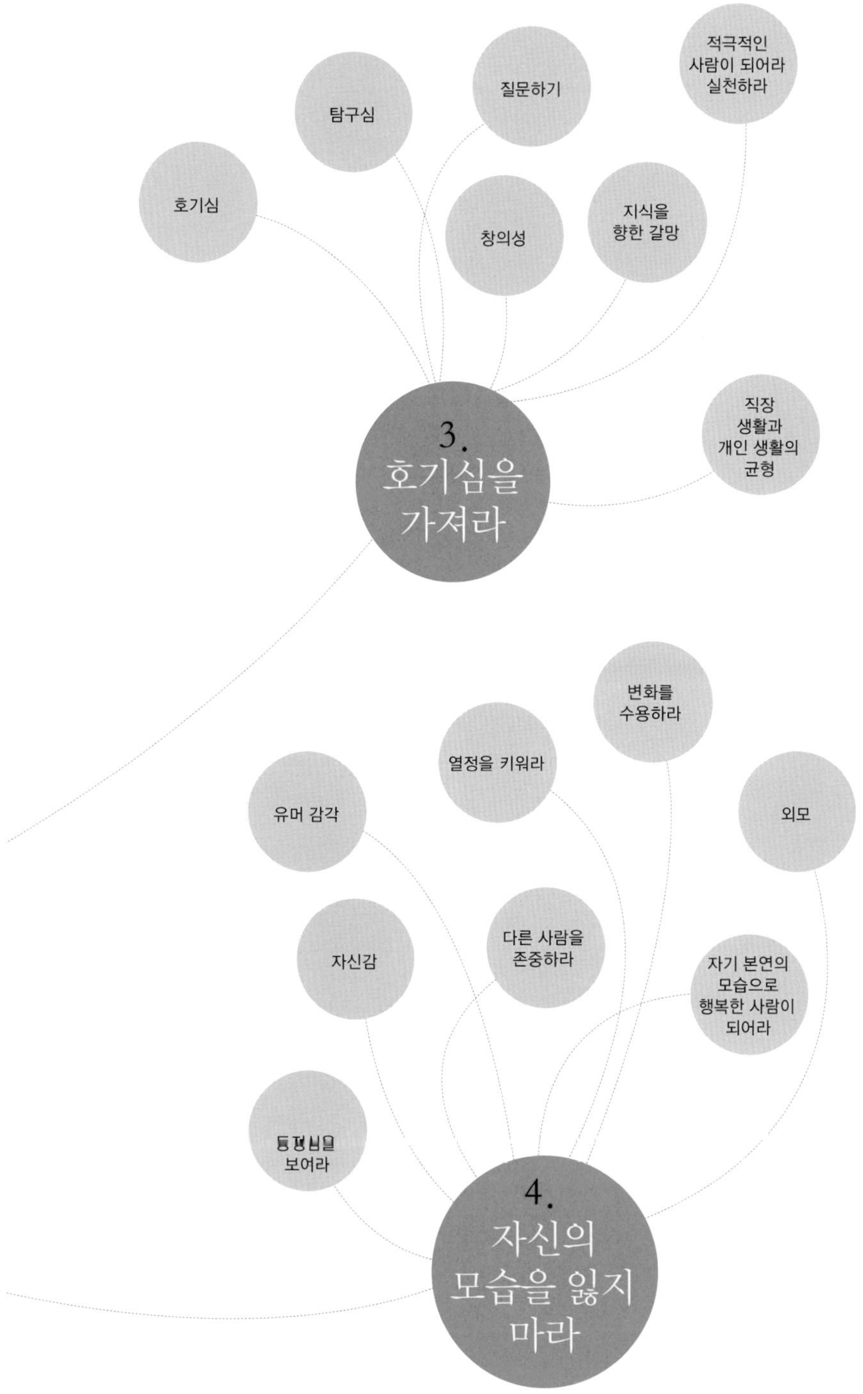

적극적인 사람이 되어라 실천하라
질문하기
탐구심
호기심
창의성
지식을 향한 갈망
직장 생활과 개인 생활의 균형
3. 호기심을 가져라
변화를 수용하라
열정을 키워라
유머 감각
외모
자신감
다른 사람을 존중하라
자기 본연의 모습으로 행복한 사람이 되어라
동정심을 보어라
4. 자신의 모습을 잃지 마라

실내 장면. 연구실. 낮

데이브와 마크가 완성된 마인드 맵을 본다.

데이브

내 눈에는 상당히 완벽하게 보이는군.

마크

그렇겠지.

데이브

빠트린 건 없나?

마크

그런 것 같지는 않군. 하지만 장담하지는 못하겠지. 그렇지 않나?

데이브

그렇지. 그럼 좋아. 거의 다 다룬 것 같군. 이 책을 이제 마무리할 수 있겠어.

마크

그래. 그러자고.

데이브

잠깐만. 다른 생각이 떠올랐어.

마크

나도 그래.

계속 전진하라

흥미로운 사람이 되려면 항상 변화해야 한다.

세상에서 가장 흥미로운 사나이?

아르헨티나의 마티네 우상 페르난도 라마스Fernando Lamas는 세상에서 가장 흥미로운 사람이었을 것이다. 도스 에퀴스Dos Equis 광고의 등장인물은 분명 라마스를 모티브로 삼았을 것이다. 광고의 주인공은 라마스의 친구인 미국 배우 조내선 골드스미스Jonathan Goldsmith다.

이 시리즈 광고의 주인공은 온화하고 점잖으며 턱수염을 기른 70대 노인이다. 그는 '세상에서 가장 흥미로운 사나이'로 일컬어 진다.

광고는 이국적인 여러 장소에서 어처구니없을 정도로 대담한 묘기를 부리는 그의 모습을 보여준다. 몇 가지를 꼽자면 닌자들과 싸우거나 두 미녀를 운동 기구처럼 이용하거나, 헤밍웨이 스타일로 청새치를 잡거나, 거대한 파도를 타거나, 악랄한 덫에서 그리즐리 곰을 놓아준다.

광고의 목소리 해설 역시 이에 못지않게 어처구니없고 대담하며 익살스러운 주장을 한다. "만일 그가 당신의 얼굴을 강타한다면 당신은 그에게 감사하고픈 강한 충동을 물리쳐야 할 것이다." … "사람들은 그가 말하는 모든 단어, 심지어 전치사까지도 귀담아 듣는다." … "경찰은 그를 자주 심문한다. 대단히 흥미로운 사람이라고 생각하기 때문이다" 등은 그 가운데 몇 가지 예에 지나지 않는다. 소개할 만한 다른 문구를 들자면 "낯선 납치범들이 그에게 그들을 조사해달라고 부탁했다."… "심지어 그의 적까지도 그를 긴급연

락망에 포함시킨다" 등이 있으며 이 가운데 내가 가장 좋아하는 문구는 이것이다. "그는 프랑스어를 구사할 수 있다. 러시아어로."

모든 광고는 격려의 말로 마무리된다. "내 친구들을 계속 목마르게 하라."

광고 대행사에 이 전략에 대해 설명해달라고 요청하자 그들은 다음과 같이 말했다. "그는 관객들이 간절히 바라는 종류의 스토리와 경험이 풍부한 사람이다. 세상에서 가장 흥미로운 사나이는 브랜드의 화신이 아니라 자발적인 브랜드 대변인이다. 그와 도스 에퀴스는 삶을 흥미롭게 살아간다는 인생관을 공유한다."

이 광고는 대단한 성공을 거두었다. 골드스미스는 한 레스토랑에서 다음과 같은 짧은 이야기를 전했던 한 사나이를 기억한다.

한 사나이가 어린 아들에게 어른이 되면 무엇이 되고 싶으냐고 묻자 아들은 다음과 같이 대답했다고 한다. "나는 세상에서 가장 흥미로운 사람이 될 거예요. 내 친구들을 계속 목마르게 하기 위해서."

데이비드와 마크는
이 책을 완성하기까지
소중한 도움을 아끼지 않았던
다음 사람들에게 고마움을
전한다.

디그비 존스 경
비즈니스 리더 겸 정치가

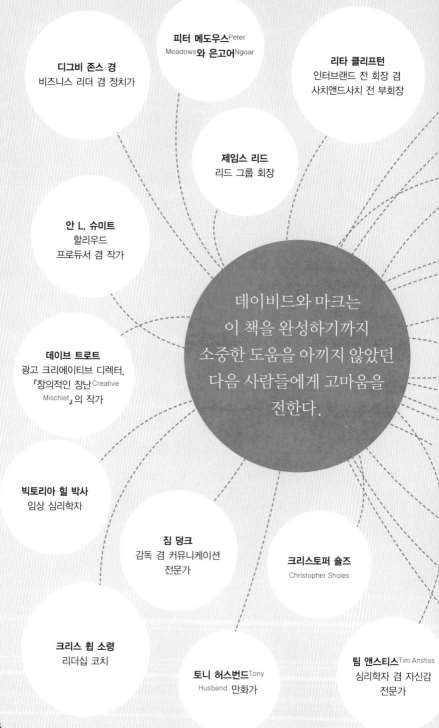

피터 메도우스 Peter Meadows**와 은고어**Ngoar

리타 클리프턴
인터브랜드 전 회장 겸
사치앤드사치 전 부회장

제임스 리드
리드 그룹 회장

안 L. 슈미트
할리우드
프로듀서 겸 작가

데이브 트로트
광고 크리에이티브 디렉터,
『창의적인 장난Creative Mischief』의 작가

빅토리아 힐 박사
임상 심리학자

짐 덩크
감독 겸 커뮤니케이션
전문가

크리스토퍼 숄즈
Christopher Sholes

크리스 휩 소령
리더십 코치

토니 허스번드 Tony Husband 만화가

팀 앤스티스 Tim Anstiss
심리학자 겸 자신감
전문가

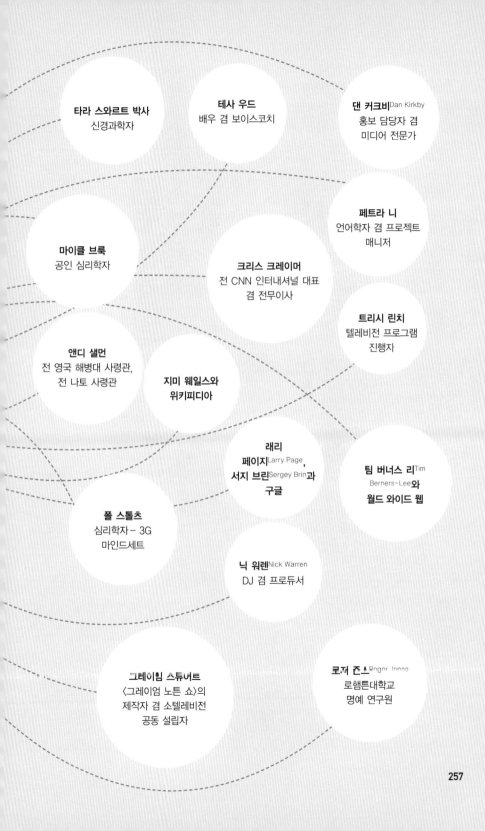

타라 스와르트 박사
신경과학자

테사 우드
배우 겸 보이스코치

댄 커크비 Dan Kirkby
홍보 담당자 겸
미디어 전문가

페트라 니
언어학자 겸 프로젝트
매니저

마이클 브룩
공인 심리학자

크리스 크레이머
전 CNN 인터내셔널 대표
겸 전무이사

트리시 린치
텔레비전 프로그램
진행자

앤디 샐먼
전 영국 해병대 사령관,
전 나토 사령관

**지미 웨일스와
위키피디아**

**래리
페이지**Larry Page**,
서지 브린**Sergey Brin**과
구글**

팀 버너스 리 Tim
Berners-Lee**와
월드 와이드 웹**

폴 스톨츠
심리학자 – 3G
마인드세트

닉 워렌 Nick Warren
DJ 겸 프로듀서

그레이엄 스튜어트
〈그레이엄 노튼 쇼〉의
제작자 겸 소텔레비전
공동 설립자

로저 존스 Roger Jones
로햄튼대학교
명예 연구원

"'만일 …한다면
흥미롭지 않을까' 라고
말하는 머릿속의
작은 목소리를 믿어라.
그리고 그렇게 하라."

듀안 마이클 Duane Michals

일러스트 및 그림출처

Author photos www.daitaylor.co.uk and www.canarywharfphotography.com

P5, 18, 65, 123, 156, 252 Piece of lined A4 paper with aged effect and hole punch – Nicemonkey/Shutterstock.com

P9 Optical illusion created by clay columns forming shapes of two ladies talking – Juriah Mosin/Shutterstock.com

P14, 22, 24, 26, 42, 44, 82, 130, 137, 177, 197, 203, 211, 222, 243 white ripped paper – Eky Studio/Shutterstock.com

P17 Illustration of a new fridge on a white background – Fotovika/Shutterstock.com

P20 Closeup of a small porous stone gargoyle – JHDT Stock Images LLC/Shutterstock.com

P28 Road with sign pole and blue sky with clouds – Rihardzz/Shutterstock.com

P28 Blank green road sign – ponsulak/Shutterstock.com

P40 Bath sponge isolated on white background – Svetlana Lukienko/Shutterstock.com

P44 The statue of Plato at the facade of the Academy of Athens in Greece – The Crow/Shutterstock.com

P52 Type of personality in word collage – Nypokcik/Shutterstock.com

P57 Personality inventory listed on a blackboard – Christophe Jossic/Shutterstock.com

P72 Human colour brain isolated – i3alda/Shutterstock.com

P89 Vintage woman face pop art retro poster – Icons Jewelry/Shutterstock.com

P92--93 Silhouette of a head isolated on white background – Blueplanet/Shutterstock.com

P97 High quality traced posing people silhouettes – Malko/Shutterstock.com

P99 A brand new fridge – RetroClipArt/Shutterstock.com

P108 Head and brain gears in progress. concept of human thinking – VLADGRIN/Shutterstock.com

P112 Vintage tin sign – Open sign – Callahan/Shutterstock.com

P112 Retro vintage closed sign with grunge effect – Vintage vectors/Shutterstock.com

P114 The human ear vector – Thirteen-Fifty/Shutterstock.com

P119 Woman telling secrets, pop art retro style illustration – Lavitrei/Shutterstock.com

P131 Question mark made from colourful speech bubbles – Petr Vaclavek/Shutterstock.com

P137 Speech bubble with question mark icons – Marish/Shutterstock.com

P140 Business discussion – RetroClipArt/Shutterstock.com

P148 Mad scientist extending explosive concoction away from his face – Angie D'Amico/Shutterstock.com

P150 Retro poster with robot – Bananafish/Shutterstock.com

P155 Vector light bulb – Vector/Shutterstock.com

P160 Set of icons on a theme fish – Aleksander1/Shutterstock.com

P167 Pin-up girl listen retro radio – Trifonova Anna/Shutterstock.com

P174 Lion Tamer – Dennis Cox/Shutterstock.com

P179 Photo supplied by Jenny Ng

P185 Chimpanzee drawing vector – ComicVector703/Shutterstock.com

P188 Presentation lady – RetroClipArt/Shutterstock.com

P196 Detailed black fingerprint isolated on white background – Phecsone/Shutterstock.com

P202 Hipster glasses, Hipster man – Sasha Chebotarev/Shutterstock.com

P205 A brand new suit – RetroClipArt/Shutterstock.com

P208 Couple enjoying magazine – RetroClipArt/Shutterstock.com

P210 Leonardo da Vinci (1452–1519) "Mona Lisa" La Gioconda. Reproduction from illustrated Encyclopedia "Treasures of art", Partnership «Prosvesheniye», St. Petersburg , Russia , 1906 –Oleg Golovnev/Shutterstock.com

P216 Radio announcer 2 – RetroClipArt/Shutterstock.com

P221 Graphic for time management – DeiMosz/Shutterstock.com

P235 Very old face – very old photo – Zurijeta/Shutterstock.com

P236 Hand with pointing finger in black and white – ElenaMaria/Shutterstock.com

P249 Hand-drawn human brain, a thinking human concept – Plean/Shutterstock.com

P253 Head made of arrows – Aleksander1/Shutterstock.com

Illustrations supplied by Tony Husband: pages 12, 30, 144, 146

Illustration supplied by Curtis Allen (www.curtisallen.co.uk): page 46